Në Gjuhën e Shijes

Shijoni Ndryshimin dhe Shijen e Ushqimit Vegan në Shtëpinë Tuaj

Sara Malik

Tabela e Përmbajtjes

Spageti me Chorizo dhe Fasule 13

Makarona pappardelle me domate dhe djathë vegan 15

Makarona dhe fasule Garbanzo 17

Sallatë Thai me marule dhe kikirikë me kokë gjalpë 19

Sallatë me qiqra marule dhe fëstëk 20

Sallatë me bajame marule dhe krem djathi vegan 22

Sallatë me marule dhe domate të Bostonit d 24

Marule dhe domate me Vinaigrette Cilantro 25

Sallatë e përzier me zarzavate dhe bajame 26

Sallatë Chervil dhe Vegan Ricotta 27

Sallatë bib marule me arra dhe parmixhan vegan 28

Sallatë domatello me marule endive dhe rikota vegane 29

Sallatë me domate lakër jeshile dhe parmixhan vegan 30

Sallatë me domate me spinaq dhe bajame 31

Sallatë lakër me domate dhe bajame 32

Sallatë e përzier me bajame jeshile dhe rikota vegane 33

Sallatë me domate dhe bajame me endiv 34

Sallatë me lakër tomatillo dhe bajame 35

Sallatë me bajame dhe domate Escarole 36

Sallatë me domate me endive dhe bajame 37
Sallatë bib marule me bajame dhe domate qershi 38
Sallatë me domate me spinaq dhe parmixhan vegan 39
Sallatë me domate kale dhe djathë parmixhan vegan..................... 40
Sallatë me tomatillo me zarzavate të përziera dhe djathë rikota vegane.. 41
Sallatë me bajame Escarole dhe djathë rikota vegane 42
Sallatë me domate dhe bajame me endive 43
Sallatë me kungull i njomë me spinaq dhe bajame 44
Sallatë domatello me kastravec kale dhe Tofu Ricotta 45
Sallatë me bajame me zarzavate të përziera dhe tofu ricotta 46
Sallatë me domate kale dhe djathë parmixhan vegan..................... 47
Sallatë me domate Chervil dhe djathë parmixhano vegan 48
Sallatë bib marule tomatillo dhe tofu ricotta djathë........................ 49
Sallatë me domate me spinaq dhe bajame 51
Sallatë me domate me lakër Napa dhe djathë parmixhano vegan 52
Sallatë me domate me çikore dhe bajame 53
Sallatë me domate kale dhe djathë Tofu Ricotta............................. 54
Sallatë me domate me lakër Napa dhe djathë tofu ricotta 55
Sallatë me domate me zarzavate me panxhar dhe djathë vegan ... 56
Sallatë super e thjeshtë marule Romaine... 57
Sallatë e lehtë me marule 58
Sallatë e lehtë e Bostonit 59
Sallatë e lehtë e përzier me zarzavate... 60

Sallatë me marule bib 61

Sallatë marule Boston me glazurë balsamike.............................. 62

Sallatë e thjeshtë Endive... 63

Sallatë e përzier me zarzavate 64

Sallatë me marule dhe kikirikë të Bostonit.................................. 65

Marule Boston me Glaze balsamike 66

Bib marule me vinaigrette arre.. 67

Marule Romaine me Vinaigrette lajthie....................................... 68

Zarzavate të përziera me sallatë vinaigrette bajamesh............. 69

Endive me sallatë me kikirikë dhe vinaigrette balsamike................ 70

Marule Bib me Vinaigrette shqeme... 71

Marule Romaine me Sallatë Vinaigrette me arra....................... 72

Zarzavate të përziera me sallatë vinaigrette bajamesh............. 73

Marule Romaine me Sallatë Vinaigrette shqeme....................... 75

Endive me Sallatë Vinaigrette Lajthie 76

Marule Bib me Sallatë Vinegrette Kikiriku................................. 77

Grilles Boston sallatë marule... 78

Sallatë marule Romaine e pjekur në skarë.................................. 79

Sallatë me marule rome të pjekur në skarë dhe vinaigrette me shqeme 80

Sallatë e pjekur në skarë marule rome dhe vinaigrette bajame 81

Lakra Napa e pjekur në skarë me vinaigrette shqeme 82

Marule Boston të pjekur në skarë dhe sallatë vinaigrette shqeme 83

Sallatë me marule rome të pjekur në skarë dhe ullinj jeshil 84

Sallatë me marule të pjekur në skarë dhe ullinj jeshil 85

Sallatë me marule rome të pjekur në skarë dhe kaperi jeshile 86

Sallatë me marule dhe kaperi të pjekur në skarë 87

Sallatë Boston i pjekur në skarë dhe Ullinj të Zi 88

Sallatë me marule rome të pjekur në skarë dhe ullinj kalamata 89

Marule Romaine me ullinj jeshil dhe vinaigrette kikiriku 90

Romaine marule kaperi dhe vinaigrette bajame 91

Marule Boston me Zemra Angjinarja dhe Vinaigrette shqeme 92

Zemra Angjinarja dhe Angjinarja me Glaze Balsamike 93

Angjinarja dhe ullinj jeshil me vinaigrette arre 94

Marule Romaine me ullinj të zinj dhe zemra artichoke 95

Zemra Angjinare me Sallatë Ulliri të Zi 96

Sallatë me zemër me marule me ullinj të zi dhe artichoke 97

Marule Romaine me Zemër Angjinarja me Sallatë Macadamia Vinaigrette 99

Sallatë Zemër me Marule Bib Ullinj të Zi dhe Angjinarja 100

Marule Boston me vinaigrette sider molle 101

Marule Romaine me Zemër Angjinarja dhe Sallatë Vinaigrette Shqeme 102

Zemra e artiçokut me marule Romaine dhe sallatë me ullinj jeshil 103

Sallatë me zemër me ullinj kalamata me marule dhe angjinare . 104

Sallatë me zemër me misër me marule Romaine dhe karçoko ... 105

Sallatë me karrota për fëmijë me marule të Bostonit dhe zemër me angjinare 106

Romaine marule ullinj të zi dhe sallatë misri fëmijë 107
Marule Romaine & Karrota Baby me Sallatë Vinaigrette me Arra 108
Marule Boston me Kaperi dhe Sallatë Zemre Angjinarja 109
Romaine marule ullinj jeshil dhe zemër Angjinarja me Macadamia Vinaigrette 110
Bib marule ulliri dhe karrota bebe me sallatë vinaigrette arre 111
Marule Romaine me sallatë misri për fëmijë 112
Romaine marule Qepë e kuqe dhe zemër Angjinarja me sallatë vinaigrette kikiriku 113
Marule Boston Ullinj të Zi dhe Misër Baby me Sallatë Vinaigrette Bajame 115
Sallatë me endive dhe ullinj jeshil 116
Sallatë me zemër të përzier me ullinj dhe angjinare 117
Sallatë Zemre me Marule dhe Angjinare të Bostonit 118
Asparagus i pjekur në skarë Piper jeshil dhe kungull 119
Kungull i njomë i thjeshtë i pjekur në skarë dhe qepë të kuqe 121
Misër të thjeshtë të pjekur në skarë dhe Portobello 122
Patëllxhan dhe kungull i njomë i marinuar në skarë 123
Piper zile dhe brokoli të pjekur në skarë 124
Lulelakra e pjekur në skarë dhe lakrat e Brukselit 125
Misër i pjekur në skarë dhe kërpudha Crimini 126
Patëllxhan i pjekur në skarë, kungull i njomë dhe misër 128
Kungull i njomë dhe ananas i pjekur në skarë 130
Portobello dhe Asparagus të pjekur në skarë 131

Recetë e thjeshtë me perime të pjekura në skarë 133

Patëllxhanë japoneze të pjekur në skarë dhe kërpudha Shitake 135

Patëllxhan japonez dhe brokoli të pjekur në skarë 136

Lulelakra e pjekur në skarë dhe lakrat e Brukselit 137

Recetë japoneze dhe lulelakër të pjekur në skarë me glazurë balsamike 138

Recetë e thjeshtë me perime të pjekura në skarë 139

Patëllxhan i pjekur në skarë dhe speca zile jeshile 140

Asparagus Portobello dhe Bishtajat e pjekura në skarë me Vinaigrette Sider Mollë 141

Fasule të pjekura në skarë dhe kërpudha Portobello 143

Lakrat e Brukselit dhe Fasulet jeshile 144

Kungull i njomë dhe qepë në veshjen e fermës 145

Bishtaja dhe ananasi i pjekur në skarë në vinaigrette balsamike 146

Brokoli dhe patëllxhanë të pjekur në skarë 148

Brokoli i pjekur në skarë dhe speca jeshil 149

Kungull i njomë dhe karrota të pjekura në skarë 150

Kërpudha Portobello të pjekur në skarë në vinaigrette sider molle 151

Karota të pjekura në skarë me lakrat e Brukselit 152

Receta me majdanoz dhe kungulleshka të pjekur në skarë 153

Rrepë e pjekur në skarë në vinaigrette orientale 154

Karrota, rrepë dhe Portobello të pjekura në skarë me glazurë balsamike 155

Kungull i njomë dhe mango të pjekura në skarë 156

Misër i pjekur në skarë dhe Fasule jeshile 157

Zemra Angjinarja e pjekur në skarë dhe Lakra Brukseli 158

Grilles Bell Peppers Brokolini dhe Lakra Brukseli me Glaze Molle Mjalti 159

Receta me speca zile të ndryshme të pjekura në skarë me lule brokolini 160

Patëllxhan i pjekur në skarë, kungull i njomë me speca të ndryshëm 162

Portobello e pjekur në skarë dhe qepë e kuqe 164

Misër i pjekur në skarë dhe qepë të kuqe 165

Lakrat e Brukselit të pjekura në skarë lulelakër dhe shparg 166

Kungull i njomë i pjekur në skarë Patëllxhanë Portobello dhe Asparagus 167

Recetë me piper jeshil të pjekur në skarë, brokolin dhe shparg .. 169

Kërpudha Portobello dhe kungull i njomë i pjekur në skarë 170

Ananas Asparagus i pjekur në skarë dhe Fasule jeshile 171

Bishtaja dhe patëllxhanë të pjekura në skarë 172

Shparg dhe brokoli të pjekur në skarë 174

Lulelakra e pjekur në skarë dhe lakrat e Brukselit 175

Brokoli i pjekur në skarë dhe lule brokoli 176

Kungull i njomë i pjekur në skarë Qepë të kuqe Brokoli Lule dhe Asparagus 177

Bishtaja të pjekura në skarë Asparagus Brokoli lulesh dhe ananasi 180

Fasule Edamame të pjekura në skarë 181

Bamje e pjekur në skarë, kungull i njomë dhe qepë të kuqe 182

Parsnip dhe kungull i njomë i pjekur në skarë 183
Parsnip dhe bamje të pjekura në skarë 184
Brokoli i pjekur në skarë Parsnip Okra dhe Asparagus 186
Rrepë të pjekur në skarë dhe speca zile 187
Lulelakër dhe brokoli të pjekur në skarë 188
Rrepë dhe ananas të pjekur në skarë 189
Parsnip dhe kungull i njomë i pjekur në skarë 190
Rrepë e pjekur në skarë Qepë të kuqe dhe majdanoz 191
Karrota të pjekura në skarë, Parsnip dhe Brokoli 192
Lule shpargulli dhe brokolini të pjekur në skarë 193
Lulelakër dhe misër i pjekur në skarë 194
Zemra angjinare të pjekura në skarë dhe lule brokolini 195
Karrota dhe patëllxhanë të pjekur në skarë 196
Karrota dhe kunguj të njomë të pjekur në skarë 197
Misër i pjekur në skarë, misër për fëmijë dhe shparg 198
Karrota të pjekura në skarë dhe Zemra Angjinare 199
Fasule jeshile ananasi të pjekura në skarë dhe zemra angjinare 200
Brokoli i pjekur në skarë dhe karrota bebe 202
Lule të thjeshta me misër dhe lulelakër të pjekur në skarë 203
Karrota për fëmijë të pjekur në skarë dhe speca zile 204
Misër i pjekur në skarë, Zemra Angjinare dhe Patëllxhan 205
Karrota të pjekura në skarë dhe qepë të kuqe 206
Asparagus brokolini të pjekur në skarë dhe kërpudha Portobello
.... 207

Zemra Angjinare të pjekura në skarë 208
Karrota dhe kërpudha të pjekura në skarë 209
Zemra Angjinare dhe Asparagus të pjekur në skarë 210
Kungull i njomë i pjekur në skarë 211
Patëllxhan i pjekur në skarë me glazurë balsamike..........................212
Marule Romaine dhe domate të pjekura në skarë.............................213
Kungull i njomë dhe speca të pjekur në skarë 215
Patëllxhan i pjekur në skarë dhe qepë e kuqe....................................217

Spageti me Chorizo dhe Fasule

PËRBËRËSIT

1 qepë e kuqe, mesatare e grirë

1 spec jeshil i grirë

15 ons kanaçe fasule

15 ons mund fasule të mëdha veriore

28 ons domate të grimcuara

1/4 filxhan chorizos vegan, të copëtuara trashë

1 lugë. trumzë e thatë

½ lugë çaji kripë

1/8 lugë çaji piper i zi

2 gota lëng perimesh

8 ons petë spageti të paziera

1 ½ filxhan djathë vegan (me bazë tofu)

Përbërësit e dekorimit:

qepë të njoma të grira për servirje

Vendosni të gjithë përbërësit përveç makaronave, djathit vegan dhe përbërësve të dekorimit në tenxhere të ngadaltë.

Kombinoni dhe mbuloni.

Gatuani në nxehtësi të lartë për 4 orë ose në zjarr të ulët për 7 orë.

Shtoni makaronat dhe ziejini në zjarr të lartë për 18 minuta, ose derisa makaronat të bëhen al dente

Shtoni 1 filxhan djathë dhe përzieni.

Spërkateni me djathin e mbetur vegan dhe përbërësit e dekorimit

Makarona pappardelle me domate dhe djathë vegan

PËRBËRËSIT

1 qepë e kuqe, mesatare e grirë

1 spec jeshil i grirë

15 ons kanaçe gjalpë, të shpëlarë dhe të kulluar

15 ons kanaçe fasule të zeza, të shpëlarë dhe të kulluar

28 ons domate të grimcuara

2 lugë gjelle. paste domate

1 lugë. borziloku

1 lugë. Erëza italiane

½ lugë çaji kripë

1/8 lugë çaji piper i zi

2 gota lëng perimesh

8 ons makarona pappardelle të paziera

1 ½ filxhan djathë vegan (me bazë tofu)

Përbërësit e dekorimit:

qepë të njoma të grira për servirje

Vendosni të gjithë përbërësit përveç makaronave, djathit vegan dhe përbërësve të dekorimit në tenxhere të ngadaltë.

Kombinoni dhe mbuloni.

Gatuani në nxehtësi të lartë për 4 orë ose në zjarr të ulët për 7 orë.

Shtoni makaronat dhe ziejini në zjarr të lartë për 18 minuta, ose derisa makaronat të bëhen al dente

Shtoni 1 filxhan djathë dhe përzieni.

Spërkateni me djathin e mbetur vegan dhe përbërësit e dekorimit

Makarona dhe fasule Garbanzo

PËRBËRËSIT

15 ons mund fasule pinto shpëlarë dhe kulluar

15 ons mund fasule garbanzo shpëlarë dhe kulluar

28 ons domate të grimcuara

4 lugë gjelle. pesto

1 lugë. Erëza italiane

½ lugë çaji kripë

1/8 lugë çaji piper i zi

2 gota lëng perimesh

8 ons makarona me bërryla gruri integrale të paziera

1 ½ filxhan djathë vegan (me bazë tofu)

Përbërësit e dekorimit:

qepë të njoma të grira për servirje

Vendosni të gjithë përbërësit përveç makaronave, djathit vegan dhe përbërësve të dekorimit në tenxhere të ngadaltë.

Kombinoni dhe mbuloni.

Gatuani në nxehtësi të lartë për 4 orë ose në zjarr të ulët për 7 orë.

Shtoni makaronat dhe ziejini në zjarr të lartë për 18 minuta, ose derisa makaronat të bëhen al dente

Shtoni 1 filxhan djathë dhe përzieni.

Spërkateni me djathin e mbetur vegan dhe përbërësit e dekorimit

Sallatë Thai me marule dhe kikirikë me kokë gjalpë

Përbërësit:

8 ons djathë vegan

6 deri në 7 gota marule me gjalpë, 3 tufa, të prera

1/4 kastravec, të përgjysmuar për së gjati, më pas të prerë hollë

3 lugë qepë të grirë

16 domate qershi

1/2 filxhan kikirikë

1/4 qepë e bardhë, e prerë në feta

Kripë dhe piper, për shije

Veshja

1 qepe e vogël, e grirë

2 lugë gjelle uthull të bardhë të distiluar

1/4 filxhan vaj farash susami

1 lugë gjelle. Salcë me hudhër me djegës Thai

Përgatitja

Kombinoni të gjithë përbërësit e salcës në një përpunues ushqimi.

I përziejmë me pjesën tjetër të përbërësve dhe i përziejmë mirë.

Sallatë me qiqra marule dhe fëstëk

Përbërësit:

7 gota marule me gjethe të lirshme, 3 tufa, të prera

1/4 kastravec evropian ose pa fara, të përgjysmuara për së gjati, më pas të prera hollë

3 lugë qepë të grirë ose të prerë

16 rrush

1/2 filxhan fëstëkë

1/4 qepë, e prerë në feta

Kripë dhe piper, për shije

6 ons djathë vegan

Veshja

1 degë majdanoz i grirë

1 lugë gjelle uthull të bardhë të distiluar

1/4 limoni, me lëng, rreth 2 lugë çaji

1/4 filxhan vaj ulliri ekstra të virgjër

Përgatitja

Kombinoni të gjithë përbërësit e salcës në një përpunues ushqimi.

I përziejmë me pjesën tjetër të përbërësve dhe i përziejmë mirë.

Sallatë me bajame marule dhe krem djathi vegan

Përbërësit:

7 gota marule frisee, 3 tufa, të prera

½ kastravec, i përgjysmuar për së gjati, më pas i prerë hollë

3 lugë qepë të grirë ose të prerë

16 domate qershi

1/2 filxhan bajame të prera në feta

1/4 qepë e kuqe, e prerë në feta

Kripë dhe piper, për shije

7 ons krem djathi vegan

Veshja

1 qepe e vogël, e grirë

1 lugë gjelle uthull të bardhë të distiluar

1/4 limoni, me lëng, rreth 2 lugë çaji

1/4 filxhan vaj ulliri ekstra të virgjër

1 lugë gjelle. salcë chimichurri

Përgatitja

Kombinoni të gjithë përbërësit e salcës në një përpunues ushqimi.

I përziejmë me pjesën tjetër të përbërësve dhe i përziejmë mirë.

Sallatë me marule dhe domate të Bostonit d

Përbërësit:

6 deri në 7 gota marule Boston, 3 tufa, të prera

1/4 kastravec, të përgjysmuar për së gjati, më pas të prerë hollë

3 lugë qepë të grirë ose të prerë

16 domate qershi

1/2 filxhan bajame të prera në feta

1/4 qepë e kuqe, e prerë në feta

Kripë dhe piper, për shije

5 ons djathë vegan

Veshja

1 degë majdanoz i grirë

1 lugë gjelle uthull të bardhë të distiluar

1/4 limoni, me lëng, rreth 2 lugë çaji

1/4 filxhan vaj ulliri ekstra të virgjër

Përgatitja

Kombinoni të gjithë përbërësit e salcës në një përpunues ushqimi.

I përziejmë me pjesën tjetër të përbërësve dhe i përziejmë mirë.

Marule dhe domate me Vinaigrette Cilantro

Përbërësit:
6 deri në 7 gota marule ice berg, 3 tufa, të prera

1/4 kastravec, të përgjysmuar për së gjati, më pas të prerë hollë

3 lugë qepë të grirë ose të prerë

16 domate qershi

1/2 filxhan bajame të prera në feta

1/4 qepë e bardhë, e prerë në feta

Kripë dhe piper, për shije

8 ons djathë vegan

Veshja
1 degëz cilantro, e grirë

1 lugë gjelle uthull të bardhë të distiluar

1/4 limoni, me lëng, rreth 2 lugë çaji

1/4 filxhan vaj ulliri ekstra të virgjër

Përgatitja
Kombinoni të gjithë përbërësit e salcës në një përpunues ushqimi.

I përziejmë me pjesën tjetër të përbërësve dhe i përziejmë mirë.

Sallatë e përzier me zarzavate dhe bajame

Përbërësit:

7 gota mesclun, 3 tufa, të prera

1/4 kastravec, të përgjysmuar për së gjati, më pas të prerë hollë

3 lugë qepë të grirë ose të prerë

16 domate qershi

1/2 filxhan bajame të prera në feta

1/4 qepë e bardhë, e prerë në feta

Kripë dhe piper, për shije

8 ons djathë vegan

Veshja

1 lugë gjelle uthull të bardhë të distiluar

1/4 limoni, me lëng, rreth 2 lugë çaji

1/4 filxhan vaj ulliri ekstra të virgjër

1 lugë. mustardë angleze

Përgatitja

Kombinoni të gjithë përbërësit e salcës në një përpunues ushqimi.

I përziejmë me pjesën tjetër të përbërësve dhe i përziejmë mirë.

Sallatë Chervil dhe Vegan Ricotta

Përbërësit:

6 deri në 7 gota kervile, 3 tufa, të prera

1/4 kastravec, të përgjysmuar për së gjati, më pas të prerë hollë

16 rrush

1/2 filxhan bajame të prera në feta

1/4 qepë e bardhë, e prerë në feta

Kripë dhe piper, për shije

8 ons djathë Tofu Ricotta (Tofitti)

Veshja

1 lugë gjelle uthull të bardhë të distiluar

1/4 limoni, me lëng, rreth 2 lugë çaji

1/4 filxhan vaj ulliri ekstra të virgjër

1 lugë gjelle. Salcë Chimichurri

Përgatitja

Kombinoni të gjithë përbërësit e salcës në një përpunues ushqimi.

I përziejmë me pjesën tjetër të përbërësve dhe i përziejmë mirë.

Sallatë bib marule me arra dhe parmixhan vegan

Përbërësit:

6 deri në 7 gota marule bib, 3 tufa, të prera

1/4 kastravec, të përgjysmuar për së gjati, më pas të prerë hollë

3 lugë qepë të grirë ose të prerë

16 domate të prera në gjysmë

1/2 filxhan arra

1/4 qepë e kuqe, e prerë në feta

Kripë dhe piper, për shije

Djathë parmixhano vegan (ushqimi i engjëjve)

Veshja

1 lugë gjelle uthull të bardhë të distiluar

1/4 limoni, me lëng, rreth 2 lugë çaji

1/4 filxhan vaj ulliri ekstra të virgjër

1 lugë. majonezë pa vezë

Përgatitja

Kombinoni të gjithë përbërësit e salcës në një përpunues ushqimi.

I përziejmë me pjesën tjetër të përbërësve dhe i përziejmë mirë.

Sallatë domatello me marule endive dhe rikota vegane

Përbërësit:
6 deri në 7 gota marule endive, 3 tufa, të prera

1/4 kastravec, të përgjysmuar për së gjati, më pas të prerë hollë

3 lugë qepë të grirë ose të prerë

16 domate të gjelbra, të prera në gjysmë

1/2 filxhan bajame të prera në feta

1/4 qepë e bardhë, e prerë në feta

Kripë dhe piper, për shije

8 ons djathë Tofu Ricotta (Tofitti)

Veshja
1 lugë gjelle uthull të bardhë të distiluar

1/4 limoni, me lëng, rreth 2 lugë çaji

1/4 filxhan vaj ulliri ekstra të virgjër

1 lugë. mustardë Dijon

Përgatitja
Kombinoni të gjithë përbërësit e salcës në një përpunues ushqimi.

I përziejmë me pjesën tjetër të përbërësve dhe i përziejmë mirë.

Sallatë me domate lakër jeshile dhe parmixhan vegan

Përbërësit:

6 deri në 7 gota marule lakër jeshile, 3 tufa, të prera

1/4 kastravec, të përgjysmuar për së gjati, më pas të prerë hollë

3 lugë qepë të grirë ose të prerë

16 domate qershi

1/2 filxhan bajame të prera në feta

1/4 qepë e bardhë, e prerë në feta

Kripë dhe piper, për shije

Djathë parmixhano vegan (ushqimi i engjëjve)

Veshja

1 degëz cilantro, e grirë

1 lugë gjelle uthull të bardhë të distiluar

1/4 limoni, me lëng, rreth 2 lugë çaji

1/4 filxhan vaj ulliri ekstra të virgjër

1 lugë. majonezë pa vezë

Përgatitja

Kombinoni të gjithë përbërësit e salcës në një përpunues ushqimi.

I përziejmë me pjesën tjetër të përbërësve dhe i përziejmë mirë.

Sallatë me domate me spinaq dhe bajame

Përbërësit:

6 deri në 7 gota marule spinaq, 3 tufa, të prera

1/4 kastravec, të përgjysmuar për së gjati, më pas të prerë hollë

3 lugë qepë të grirë ose të prerë

16 domate të prera në gjysmë

1/2 filxhan bajame të prera në feta

1/4 qepë e bardhë, e prerë në feta

Kripë dhe piper, për shije

8 ons djathë vegan

Veshja

1 degëz cilantro, e grirë

1 lugë gjelle uthull të bardhë të distiluar

1/4 limoni, me lëng, rreth 2 lugë çaji

1/4 filxhan vaj ulliri ekstra të virgjër

1 lugë. mustardë angleze

Përgatitja

Kombinoni të gjithë përbërësit e salcës në një përpunues ushqimi.

I përziejmë me pjesën tjetër të përbërësve dhe i përziejmë mirë.

Sallatë lakër me domate dhe bajame

Përbërësit:

6 deri në 7 gota lakër jeshile, 3 tufa, të prera

1/4 kastravec, të përgjysmuar për së gjati, më pas të prerë hollë

3 lugë qepë të grirë ose të prerë

16 domate qershi

1/2 filxhan bajame të prera në feta

1/4 qepë e bardhë, e prerë në feta

Kripë dhe piper, për shije

8 ons djathë vegan

Veshja

1 degëz cilantro, e grirë

1 lugë gjelle uthull të bardhë të distiluar

1/4 limoni, me lëng, rreth 2 lugë çaji

1/4 filxhan vaj ulliri ekstra të virgjër

1 lugë. mustardë angleze

Përgatitja

Kombinoni të gjithë përbërësit e salcës në një përpunues ushqimi.

I përziejmë me pjesën tjetër të përbërësve dhe i përziejmë mirë.

Sallatë e përzier me bajame jeshile dhe rikota vegane

Përbërësit:

6 deri në 7 gota mesclun, 3 tufa, të prera

1/4 kastravec, të përgjysmuar për së gjati, më pas të prerë hollë

3 lugë qepë të grirë ose të prerë

16 domate të gjelbra, të prera në gjysmë

1/2 filxhan bajame të prera në feta

1/4 qepë e bardhë, e prerë në feta

Kripë dhe piper, për shije

8 ons djathë Tofu Ricotta (Tofitti)

Veshja

1 lugë gjelle uthull të bardhë të distiluar

1/4 limoni, me lëng, rreth 2 lugë çaji

1/4 filxhan vaj ulliri ekstra të virgjër

1 lugë. mustardë Dijon

Përgatitja

Kombinoni të gjithë përbërësit e salcës në një përpunues ushqimi.

I përziejmë me pjesën tjetër të përbërësve dhe i përziejmë mirë.

Sallatë me domate dhe bajame me endive

Përbërësit:

6 deri në 7 gota endive, 3 tufa, të prera

1/4 kastravec, të përgjysmuar për së gjati, më pas të prerë hollë

3 lugë qepë të grirë ose të prerë

16 domate qershi

1/2 filxhan bajame të prera në feta

1/4 qepë e bardhë, e prerë në feta

Kripë dhe piper, për shije

Djathë parmixhano vegan (ushqimi i engjëjve)

Veshja

1 degëz cilantro, e grirë

1 lugë gjelle uthull të bardhë të distiluar

1/4 limoni, me lëng, rreth 2 lugë çaji

1/4 filxhan vaj ulliri ekstra të virgjër

1 lugë. mustardë angleze

Përgatitja

Kombinoni të gjithë përbërësit e salcës në një përpunues ushqimi.

I përziejmë me pjesën tjetër të përbërësve dhe i përziejmë mirë.

Sallatë me lakër tomatillo dhe bajame

Përbërësit:
6 deri në 7 gota lakër jeshile, 3 tufa, të prera
1/4 kastravec, të përgjysmuar për së gjati, më pas të prerë hollë
3 lugë qepë të grirë ose të prerë
16 domate të prera në gjysmë
1/2 filxhan bajame të prera në feta
1/4 qepë e bardhë, e prerë në feta
Kripë dhe piper, për shije
8 ons djathë Tofu Ricotta (Tofitti)

Veshja
1 lugë gjelle uthull të bardhë të distiluar
1/4 limoni, me lëng, rreth 2 lugë çaji
1/4 filxhan vaj ulliri ekstra të virgjër
1 lugë. majonezë pa vezë

Përgatitja
Kombinoni të gjithë përbërësit e salcës në një përpunues ushqimi.

I përziejmë me pjesën tjetër të përbërësve dhe i përziejmë mirë.

Sallatë me bajame dhe domate Escarole

Përbërësit:

6 deri në 7 gota escarole, 3 tufa, të prera

1/4 kastravec, të përgjysmuar për së gjati, më pas të prerë hollë

3 lugë qepë të grirë ose të prerë

16 domate qershi

1/2 filxhan bajame të prera në feta

1/4 qepë e bardhë, e prerë në feta

Kripë dhe piper, për shije

8 ons djathë vegan

Veshja

1 degëz cilantro, e grirë

1 lugë gjelle uthull të bardhë të distiluar

1/4 limoni, me lëng, rreth 2 lugë çaji

1/4 filxhan vaj ulliri ekstra të virgjër

1 lugë. mustardë angleze

Përgatitja

Kombinoni të gjithë përbërësit e salcës në një përpunues ushqimi.

I përziejmë me pjesën tjetër të përbërësve dhe i përziejmë mirë.

Sallatë me domate me endive dhe bajame

Përbërësit:

6 deri në 7 gota endive, 3 tufa, të prera

1/4 kastravec, të përgjysmuar për së gjati, më pas të prerë hollë

3 lugë qepë të grirë ose të prerë

16 domate të prera në gjysmë

1/2 filxhan bajame të prera në feta

1/4 qepë e bardhë, e prerë në feta

Kripë dhe piper, për shije

Djathë parmixhano vegan (ushqimi i engjëjve)

Veshja

1 lugë gjelle uthull të bardhë të distiluar

1/4 limoni, me lëng, rreth 2 lugë çaji

1/4 filxhan vaj ulliri ekstra të virgjër

1 lugë. mustardë Dijon

Përgatitja

Kombinoni të gjithë përbërësit e salcës në një përpunues ushqimi.

I përziejmë me pjesën tjetër të përbërësve dhe i përziejmë mirë.

Sallatë bib marule me bajame dhe domate qershi

Përbërësit:

6 deri në 7 gota marule bib, 3 tufa, të prera

1/4 kastravec, të përgjysmuar për së gjati, më pas të prerë hollë

3 lugë qepë të grirë ose të prerë

16 domate qershi

1/2 filxhan bajame të prera në feta

1/4 qepë e bardhë, e prerë në feta

Kripë dhe piper, për shije

8 ons djathë Tofu Ricotta (Tofitti)

Veshja

1 degëz cilantro, e grirë

1 lugë gjelle uthull të bardhë të distiluar

1/4 limoni, me lëng, rreth 2 lugë çaji

1/4 filxhan vaj ulliri ekstra të virgjër

1 lugë. mustardë angleze

Përgatitja

Kombinoni të gjithë përbërësit e salcës në një përpunues ushqimi.

I përziejmë me pjesën tjetër të përbërësve dhe i përziejmë mirë.

Sallatë me domate me spinaq dhe parmixhan vegan

Përbërësit:

6 deri në 7 gota marule spinaq, 3 tufa, të prera

1/4 kastravec, të përgjysmuar për së gjati, më pas të prerë hollë

3 lugë qepë të grirë ose të prerë

16 domate të prera në gjysmë

1/2 filxhan bajame të prera në feta

1/4 qepë e bardhë, e prerë në feta

Kripë dhe piper, për shije

Djathë parmixhano vegan (ushqimi i engjëjve)

Veshja

1 degëz cilantro, e grirë

1 lugë gjelle uthull të bardhë të distiluar

1/4 limoni, me lëng, rreth 2 lugë çaji

1/4 filxhan vaj ulliri ekstra të virgjër

1 lugë. majonezë pa vezë

Përgatitja

Kombinoni të gjithë përbërësit e salcës në një përpunues ushqimi.

I përziejmë me pjesën tjetër të përbërësve dhe i përziejmë mirë.

Sallatë me domate kale dhe djathë parmixhan vegan

Përbërësit:

6 deri në 7 gota marule lakër jeshile, 3 tufa, të prera

1/4 kastravec, të përgjysmuar për së gjati, më pas të prerë hollë

3 lugë qepë të grirë ose të prerë

16 domate qershi

1/2 filxhan bajame të prera në feta

1/4 qepë e bardhë, e prerë në feta

Kripë dhe piper, për shije

Djathë parmixhano vegan (ushqimi i engjëjve)

Veshja

1 degëz cilantro, e grirë

1 lugë gjelle uthull të bardhë të distiluar

1/4 limoni, me lëng, rreth 2 lugë çaji

1/4 filxhan vaj ulliri ekstra të virgjër

1 lugë. mustardë angleze

Përgatitja

Kombinoni të gjithë përbërësit e salcës në një përpunues ushqimi.

I përziejmë me pjesën tjetër të përbërësve dhe i përziejmë mirë.

Sallatë me tomatillo me zarzavate të përziera dhe djathë rikota vegane

Përbërësit:

6 deri në 7 gota mesclun, 3 tufa, të prera

1/4 kastravec, të përgjysmuar për së gjati, më pas të prerë hollë

3 lugë qepë të grirë ose të prerë

16 domate të gjelbra, të prera në gjysmë

1/2 filxhan bajame të prera në feta

1/4 qepë e bardhë, e prerë në feta

Kripë dhe piper, për shije

8 ons djathë Tofu Ricotta (Tofitti)

Veshja

1 degëz cilantro, e grirë

1 lugë gjelle uthull të bardhë të distiluar

1/4 limoni, me lëng, rreth 2 lugë çaji

1/4 filxhan vaj ulliri ekstra të virgjër

Përgatitja

Kombinoni të gjithë përbërësit e salcës në një përpunues ushqimi.

I përziejmë me pjesën tjetër të përbërësve dhe i përziejmë mirë.

Sallatë me bajame Escarole dhe djathë rikota vegane

Përbërësit:

6 deri në 7 gota escarole, 3 tufa, të prera

1/4 kastravec, të përgjysmuar për së gjati, më pas të prerë hollë

3 lugë qepë të grirë ose të prerë

16 domate të prera në gjysmë

1/2 filxhan bajame të prera në feta

1/4 qepë e bardhë, e prerë në feta

Kripë dhe piper, për shije

8 ons djathë Tofu Ricotta (Tofitti)

Veshja

1 lugë gjelle uthull të bardhë të distiluar

1/4 limoni, me lëng, rreth 2 lugë çaji

1/4 filxhan vaj ulliri ekstra të virgjër

1 lugë. mustardë Dijon

Përgatitja

Kombinoni të gjithë përbërësit e salcës në një përpunues ushqimi.

I përziejmë me pjesën tjetër të përbërësve dhe i përziejmë mirë.

Sallatë me domate dhe bajame me endive

Përbërësit:

6 deri në 7 gota endive, 3 tufa, të prera

1/4 kastravec, të përgjysmuar për së gjati, më pas të prerë hollë

3 lugë qepë të grirë ose të prerë

16 domate qershi

1/2 filxhan bajame të prera në feta

1/4 qepë e bardhë, e prerë në feta

Kripë dhe piper, për shije

8 ons djathë vegan

Veshja

1 degëz cilantro, e grirë

1 lugë gjelle uthull të bardhë të distiluar

1/4 limoni, me lëng, rreth 2 lugë çaji

1/4 filxhan vaj ulliri ekstra të virgjër

1 lugë. majonezë pa vezë

Përgatitja

Kombinoni të gjithë përbërësit e salcës në një përpunues ushqimi.

I përziejmë me pjesën tjetër të përbërësve dhe i përziejmë mirë.

Sallatë me kungull i njomë me spinaq dhe bajame

Përbërësit:

6 deri në 7 gota spinaq, 3 tufa, të prera

¼ kungull i njomë, i përgjysmuar për së gjati, më pas i prerë hollë

3 lugë qepë të grirë ose të prerë

16 domate qershi

1/2 filxhan bajame të prera në feta

1/4 qepë e bardhë, e prerë në feta

Kripë dhe piper, për shije

8 ons djathë vegan

Veshja

1 lugë gjelle uthull të bardhë të distiluar

1/4 limoni, me lëng, rreth 2 lugë çaji

1/4 filxhan vaj ulliri ekstra të virgjër

1 lugë. salcë pesto

Përgatitja

Kombinoni të gjithë përbërësit e salcës në një përpunues ushqimi.

I përziejmë me pjesën tjetër të përbërësve dhe i përziejmë mirë.

Sallatë domatello me kastravec kale dhe Tofu Ricotta

Përbërësit:

6 deri në 7 gota lakër jeshile, 3 tufa, të prera

1/4 kastravec, të përgjysmuar për së gjati, më pas të prerë hollë

3 lugë qepë të grirë ose të prerë

16 domate të gjelbra, të prera në gjysmë

1/2 filxhan bajame të prera në feta

1/4 qepë e bardhë, e prerë në feta

Kripë dhe piper, për shije

8 ons djathë Tofu Ricotta (Tofitti)

Veshja

1 degëz cilantro, e grirë

1 lugë gjelle uthull të bardhë të distiluar

1/4 limoni, me lëng, rreth 2 lugë çaji

1/4 filxhan vaj ulliri ekstra të virgjër

1 lugë. mustardë angleze

Përgatitja

Kombinoni të gjithë përbërësit e salcës në një përpunues ushqimi.

I përziejmë me pjesën tjetër të përbërësve dhe i përziejmë mirë.

Sallatë me bajame me zarzavate të përziera dhe tofu ricotta

Përbërësit:
6 deri në 7 gota mesclun, 3 tufa, të prera

1/4 kastravec, të përgjysmuar për së gjati, më pas të prerë hollë

3 lugë qepë të grirë ose të prerë

16 domate të prera në gjysmë

1/2 filxhan bajame të prera në feta

1/4 qepë e bardhë, e prerë në feta

Kripë dhe piper, për shije

8 ons djathë Tofu Ricotta (Tofitti)

Veshja
1 degëz cilantro, e grirë

1 lugë gjelle uthull të bardhë të distiluar

1/4 limoni, me lëng, rreth 2 lugë çaji

1/4 filxhan vaj ulliri ekstra të virgjër

1 lugë. majonezë pa vezë

Përgatitja
Kombinoni të gjithë përbërësit e salcës në një përpunues ushqimi.

I përziejmë me pjesën tjetër të përbërësve dhe i përziejmë mirë.

Sallatë me domate kale dhe djathë parmixhan vegan

Përbërësit:

6 deri në 7 gota lakër jeshile, 3 tufa, të prera

1/4 kastravec, të përgjysmuar për së gjati, më pas të prerë hollë

3 lugë qepë të grirë ose të prerë

16 domate qershi

1/2 filxhan bajame të prera në feta

1/4 qepë e bardhë, e prerë në feta

Kripë dhe piper, për shije

Djathë parmixhano vegan (ushqimi i engjëjve)

Veshja

1 degëz cilantro, e grirë

1 lugë gjelle uthull të bardhë të distiluar

1/4 limoni, me lëng, rreth 2 lugë çaji

1/4 filxhan vaj ulliri ekstra të virgjër

1 lugë. mustardë angleze

Përgatitja

Kombinoni të gjithë përbërësit e salcës në një përpunues ushqimi.

I përziejmë me pjesën tjetër të përbërësve dhe i përziejmë mirë.

Sallatë me domate Chervil dhe djathë parmixhano vegan

Përbërësit:

6 deri në 7 gota kervile, 3 tufa, të prera

1/4 kastravec, të përgjysmuar për së gjati, më pas të prerë hollë

3 lugë qepë të grirë ose të prerë

16 domate qershi

1/2 filxhan bajame të prera në feta

1/4 qepë e bardhë, e prerë në feta

Kripë dhe piper, për shije

Djathë parmixhano vegan (ushqimi i engjëjve)

Veshja

1 degëz cilantro, e grirë

1 lugë gjelle uthull të bardhë të distiluar

1/4 limoni, me lëng, rreth 2 lugë çaji

1/4 filxhan vaj ulliri ekstra të virgjër

1 lugë. mustardë angleze

Përgatitja

Kombinoni të gjithë përbërësit e salcës në një përpunues ushqimi.

I përziejmë me pjesën tjetër të përbërësve dhe i përziejmë mirë.

Sallatë bib marule tomatillo dhe tofu ricotta djathë

Përbërësit:
6 deri në 7 gota marule bib, 3 tufa, të prera

1/4 kastravec, të përgjysmuar për së gjati, më pas të prerë hollë

3 lugë qepë të grirë ose të prerë

16 domate të gjelbra, të prera në gjysmë

1/2 filxhan bajame të prera në feta

1/4 qepë e bardhë, e prerë në feta

Kripë dhe piper, për shije

8 ons djathë Tofu Ricotta (Tofitti)

Veshja
1 degëz cilantro, e grirë

1 lugë gjelle uthull të bardhë të distiluar

1/4 limoni, me lëng, rreth 2 lugë çaji

1/4 filxhan vaj ulliri ekstra të virgjër

1 lugë. majonezë pa vezë

Përgatitja
Kombinoni të gjithë përbërësit e salcës në një përpunues ushqimi.

I përziejmë me pjesën tjetër të përbërësve dhe i përziejmë mirë.

Sallatë me domate me spinaq dhe bajame

Përbërësit:

6 deri në 7 gota spinaq, 3 tufa, të prera

1/4 kastravec, të përgjysmuar për së gjati, më pas të prerë hollë

3 lugë qepë të grirë ose të prerë

16 domate qershi

1/2 filxhan bajame të prera në feta

1/4 qepë e bardhë, e prerë në feta

Kripë dhe piper, për shije

8 ons djathë vegan

Veshja

1 degëz cilantro, e grirë

1 lugë gjelle uthull të bardhë të distiluar

1/4 limoni, me lëng, rreth 2 lugë çaji

1/4 filxhan vaj ulliri ekstra të virgjër

1 lugë. mustardë angleze

Përgatitja

Kombinoni të gjithë përbërësit e salcës në një përpunues ushqimi.

I përziejmë me pjesën tjetër të përbërësve dhe i përziejmë mirë.

Sallatë me domate me lakër Napa dhe djathë parmixhano vegan

Përbërësit:
6 deri në 7 gota lakër Napa, 3 tufa, të prera

1/4 kastravec, të përgjysmuar për së gjati, më pas të prerë hollë

3 lugë qepë të grirë ose të prerë

16 domate të prera në gjysmë

1/2 filxhan bajame të prera në feta

1/4 qepë e bardhë, e prerë në feta

Kripë dhe piper, për shije

Djathë parmixhano vegan (ushqimi i engjëjve)

Veshja
1 degëz cilantro, e grirë

1 lugë gjelle uthull të bardhë të distiluar

1/4 limoni, me lëng, rreth 2 lugë çaji

1/4 filxhan vaj ulliri ekstra të virgjër

Përgatitja
Kombinoni të gjithë përbërësit e salcës në një përpunues ushqimi.

I përziejmë me pjesën tjetër të përbërësve dhe i përziejmë mirë.

Sallatë me domate me çikore dhe bajame

Përbërësit:

6 deri në 7 gota çikore, 3 tufa, të prera

1/4 kastravec, të përgjysmuar për së gjati, më pas të prerë hollë

3 lugë qepë të grirë ose të prerë

16 domate të gjelbra, të prera në gjysmë

1/2 filxhan bajame të prera në feta

1/4 qepë e bardhë, e prerë në feta

Kripë dhe piper, për shije

Djathë parmixhano vegan (ushqimi i engjëjve)

Veshja

1 degëz cilantro, e grirë

1 lugë gjelle uthull të bardhë të distiluar

1/4 limoni, me lëng, rreth 2 lugë çaji

1/4 filxhan vaj ulliri ekstra të virgjër

1 lugë. mustardë angleze

Përgatitja

Kombinoni të gjithë përbërësit e salcës në një përpunues ushqimi.

I përziejmë me pjesën tjetër të përbërësve dhe i përziejmë mirë.

Sallatë me domate kale dhe djathë Tofu Ricotta

Përbërësit:

6 deri në 7 gota lakër jeshile, 3 tufa, të prera

1/4 kastravec, të përgjysmuar për së gjati, më pas të prerë hollë

3 lugë qepë të grirë ose të prerë

16 domate qershi

1/2 filxhan bajame të prera në feta

1/4 qepë e bardhë, e prerë në feta

Kripë dhe piper, për shije

8 ons djathë Tofu Ricotta (Tofitti)

Veshja

1 degëz cilantro, e grirë

1 lugë gjelle uthull të bardhë të distiluar

1/4 limoni, me lëng, rreth 2 lugë çaji

1/4 filxhan vaj ulliri ekstra të virgjër

1 lugë. majonezë pa vezë

Përgatitja

Kombinoni të gjithë përbërësit e salcës në një përpunues ushqimi.

I përziejmë me pjesën tjetër të përbërësve dhe i përziejmë mirë.

Sallatë me domate me lakër Napa dhe djathë tofu ricotta

Përbërësit:

6 deri në 7 gota lakër Napa, 3 tufa, të prera

1/4 kastravec, të përgjysmuar për së gjati, më pas të prerë hollë

3 lugë qepë të grirë ose të prerë

16 domate qershi

1/2 filxhan bajame të prera në feta

1/4 qepë e bardhë, e prerë në feta

Kripë dhe piper, për shije

8 ons djathë Tofu Ricotta (Tofitti)

Veshja

1 degëz cilantro, e grirë

1 lugë gjelle uthull të bardhë të distiluar

1/4 limoni, me lëng, rreth 2 lugë çaji

1/4 filxhan vaj ulliri ekstra të virgjër

Përgatitja

Kombinoni të gjithë përbërësit e salcës në një përpunues ushqimi.

I përziejmë me pjesën tjetër të përbërësve dhe i përziejmë mirë.

Sallatë me domate me zarzavate me panxhar dhe djathë vegan

Përbërësit:

6 deri në 7 gota zarzavate panxhar bebe, 3 tufa, të prera

1/4 kastravec, të përgjysmuar për së gjati, më pas të prerë hollë

3 lugë qepë të grirë ose të prerë

16 domate të prera në gjysmë

1/2 filxhan bajame të prera në feta

1/4 qepë e bardhë, e prerë në feta

Kripë dhe piper, për shije

8 ons djathë vegan

Veshja

1 degëz cilantro, e grirë

1 lugë gjelle uthull të bardhë të distiluar

1/4 limoni, me lëng, rreth 2 lugë çaji

1/4 filxhan vaj ulliri ekstra të virgjër

1 lugë. mustardë angleze

Përgatitja

Kombinoni të gjithë përbërësit e salcës në një përpunues ushqimi.

I përziejmë me pjesën tjetër të përbërësve dhe i përziejmë mirë.

Sallatë super e thjeshtë marule Romaine

Përbërësit:

1 kokë marule rome, e shpëlarë, e rrahur dhe e grirë

Veshja

1/2 filxhan uthull vere të bardhë

1 lugë gjelle vaj ulliri ekstra i virgjër

Piper i zi i sapo bluar

3/4 filxhan bajame të grira hollë

Kripë deti

Përgatitja

Kombinoni të gjithë përbërësit e salcës në një përpunues ushqimi.

I përziejmë me pjesën tjetër të përbërësve dhe i përziejmë mirë.

Sallatë e lehtë me marule

Përbërësit:

1 kokërr marule, e shpëlarë, e rrahur dhe e grirë

Veshja

2 lugë gjelle. uthull verë e bardhë

4 lugë vaj makadamia

Piper i zi i sapo bluar

3/4 filxhan kikirikë të bluar imët

Kripë deti

Përgatitja

Kombinoni të gjithë përbërësit e salcës në një përpunues ushqimi.

I përziejmë me pjesën tjetër të përbërësve dhe i përziejmë mirë.

Sallatë e lehtë e Bostonit

Përbërësit:

1 kokë marule Boston, e shpëlarë, e lyer dhe e grirë

Veshja

2 lugë gjelle. uthull molle

4 lugë vaj ulliri

Piper i zi i sapo bluar

3/4 filxhani arra të grira imët

Kripë deti

Përgatitja

Kombinoni të gjithë përbërësit e salcës në një përpunues ushqimi.

I përziejmë me pjesën tjetër të përbërësve dhe i përziejmë mirë.

Sallatë e lehtë e përzier me zarzavate

Përbërësit:
Një grusht Mesclun, i shpëlarë, i përkëdhelur dhe i grirë

Veshja
2 lugë gjelle. uthull molle

4 lugë vaj ulliri

Piper i zi i sapo bluar

3/4 filxhan lajthi të grira imët

Kripë deti

Përgatitja

Kombinoni të gjithë përbërësit e salcës në një përpunues ushqimi.

I përziejmë me pjesën tjetër të përbërësve dhe i përziejmë mirë.

Sallatë me marule bib

Përbërësit:

1 kokërr marule, e shpëlarë, e rrahur dhe e grirë

Veshja

2 lugë gjelle. Uthull balsamike

4 lugë vaj ulliri ekstra të virgjër

Piper i zi i sapo bluar

3/4 filxhan kikirikë të bluar imët

Kripë deti

Përgatitja

Kombinoni të gjithë përbërësit e salcës në një përpunues ushqimi.

I përziejmë me pjesën tjetër të përbërësve dhe i përziejmë mirë.

Sallatë marule Boston me glazurë balsamike

Përbërësit:

1 kokë marule Boston, e shpëlarë, e lyer dhe e grirë

Veshja

2 lugë gjelle. Uthull balsamike

4 lugë vaj makadamia

Piper i zi i sapo bluar

3/4 filxhan bajame të grira hollë

Kripë deti

Përgatitja

Kombinoni të gjithë përbërësit e salcës në një përpunues ushqimi.

I përziejmë me pjesën tjetër të përbërësve dhe i përziejmë mirë.

Sallatë e thjeshtë Endive

Përbërësit:

1 Kokë Endive, e shpëlarë, e përkëdhelur dhe e grirë

Veshja

2 lugë gjelle. uthull verë e bardhë

4 lugë vaj ulliri ekstra të virgjër

Piper i zi i sapo bluar

3/4 filxhani arra të grira imët

Kripë deti

Përgatitja

Kombinoni të gjithë përbërësit e salcës në një përpunues ushqimi.

I përziejmë me pjesën tjetër të përbërësve dhe i përziejmë mirë.

Sallatë e përzier me zarzavate

Përbërësit:

Një grusht Mesclun, i shpëlarë, i përkëdhelur dhe i grirë

Veshja

2 lugë gjelle. uthull të bardhë të distiluar

4 lugë vaj ulliri ekstra të virgjër

Piper i zi i sapo bluar

3/4 filxhan shqeme të grira imët

Kripë deti

Përgatitja

Kombinoni të gjithë përbërësit e salcës në një përpunues ushqimi.

I përziejmë me pjesën tjetër të përbërësve dhe i përziejmë mirë.

Sallatë me marule dhe kikirikë të Bostonit

Përbërësit:

1 kokë marule Boston, e shpëlarë, e lyer dhe e grirë

Veshja

2 lugë gjelle. uthull molle

4 lugë vaj ulliri

Piper i zi i sapo bluar

3/4 filxhan kikirikë të bluar imët

Kripë deti

Përgatitja

Kombinoni të gjithë përbërësit e salcës në një përpunues ushqimi.

I përziejmë me pjesën tjetër të përbërësve dhe i përziejmë mirë.

Marule Boston me Glaze balsamike

Përbërësit:

1 kokë marule Boston, e shpëlarë, e lyer dhe e grirë

Veshja

2 lugë gjelle. Uthull balsamike

4 lugë vaj makadamia

Piper i zi i sapo bluar

3/4 filxhan lajthi të grira imët

Kripë deti

Përgatitja

Kombinoni të gjithë përbërësit e salcës në një përpunues ushqimi.

I përziejmë me pjesën tjetër të përbërësve dhe i përziejmë mirë.

Bib marule me vinaigrette arre

Përbërësit:

1 kokërr marule, e shpëlarë, e rrahur dhe e grirë

Veshja

2 lugë gjelle. uthull të bardhë të distiluar

4 lugë vaj ulliri ekstra të virgjër

Piper i zi i sapo bluar

3/4 filxhani arra të grira imët

Kripë deti

Përgatitja

Kombinoni të gjithë përbërësit e salcës në një përpunues ushqimi.

I përziejmë me pjesën tjetër të përbërësve dhe i përziejmë mirë.

Marule Romaine me Vinaigrette lajthie

Përbërësit:

1 kokë marule rome, e shpëlarë, e rrahur dhe e grirë

Veshja

2 lugë gjelle. uthull molle

4 lugë vaj ulliri ekstra të virgjër

Piper i zi i sapo bluar

3/4 filxhan lajthi të grira imët

Kripë deti

Përgatitja

Kombinoni të gjithë përbërësit e salcës në një përpunues ushqimi.

I përziejmë me pjesën tjetër të përbërësve dhe i përziejmë mirë.

Zarzavate të përziera me sallatë vinaigrette bajamesh

Përbërësit:
Një grusht Mesclun, i shpëlarë, i përkëdhelur dhe i grirë

Veshja
2 lugë gjelle. uthull verë e bardhë

4 lugë vaj ulliri

Piper i zi i sapo bluar

3/4 filxhan bajame të grira hollë

Kripë deti

Përgatitja

Kombinoni të gjithë përbërësit e salcës në një përpunues ushqimi.

I përziejmë me pjesën tjetër të përbërësve dhe i përziejmë mirë.

Endive me sallatë me kikirikë dhe vinaigrette balsamike

Përbërësit:

1 Kokë Endive, e shpëlarë, e përkëdhelur dhe e grirë

Veshja

2 lugë gjelle. Uthull balsamike

4 lugë vaj ulliri ekstra të virgjër

Piper i zi i sapo bluar

3/4 filxhan kikirikë të bluar imët

Kripë deti

Përgatitja

Kombinoni të gjithë përbërësit e salcës në një përpunues ushqimi.

I përziejmë me pjesën tjetër të përbërësve dhe i përziejmë mirë.

Marule Bib me Vinaigrette shqeme

Përbërësit:

1 kokërr marule, e shpëlarë, e rrahur dhe e grirë

Veshja

2 lugë gjelle. uthull të bardhë të distiluar

4 lugë vaj makadamia

Piper i zi i sapo bluar

3/4 filxhan shqeme të grira imët

Kripë deti

Përgatitja

Kombinoni të gjithë përbërësit e salcës në një përpunues ushqimi.

I përziejmë me pjesën tjetër të përbërësve dhe i përziejmë mirë.

Marule Romaine me Sallatë Vinaigrette me arra

Përbërësit:

1 kokë marule rome, e shpëlarë, e rrahur dhe e grirë

Veshja

2 lugë gjelle. uthull verë e kuqe

1 lugë gjelle vaj ulliri ekstra i virgjër

Piper i zi i sapo bluar

3/4 filxhani arra të grira imët

Kripë deti

Përgatitja

Kombinoni të gjithë përbërësit e salcës në një përpunues ushqimi.

I përziejmë me pjesën tjetër të përbërësve dhe i përziejmë mirë.

Zarzavate të përziera me sallatë vinaigrette bajamesh

Përbërësit:
Një grusht Mesclun, i shpëlarë, i përkëdhelur dhe i grirë

Veshja
2 lugë gjelle. Uthull balsamike

1 lugë gjelle vaj ulliri ekstra i virgjër

Piper i zi i sapo bluar

3/4 filxhan bajame të grira hollë

Kripë deti

Përgatitja

Kombinoni të gjithë përbërësit e salcës në një përpunues ushqimi.

I përziejmë me pjesën tjetër të përbërësve dhe i përziejmë mirë.

Marule Romaine me Sallatë Vinaigrette shqeme

Përbërësit:

1 kokë marule rome, e shpëlarë, e rrahur dhe e grirë

Veshja

2 lugë gjelle. uthull molle

4 lugë vaj ulliri

Piper i zi i sapo bluar

3/4 filxhan shqeme të grira imët

Kripë deti

Përgatitja

Kombinoni të gjithë përbërësit e salcës në një përpunues ushqimi.

I përziejmë me pjesën tjetër të përbërësve dhe i përziejmë mirë.

Endive me Sallatë Vinaigrette Lajthie

Përbërësit:

1 Kokë Endive, e shpëlarë, e përkëdhelur dhe e grirë

Veshja

2 lugë gjelle. uthull verë e bardhë

4 lugë vaj ulliri ekstra të virgjër

Piper i zi i sapo bluar

3/4 filxhan lajthi të grira imët

Kripë deti

Përgatitja

Kombinoni të gjithë përbërësit e salcës në një përpunues ushqimi.

I përziejmë me pjesën tjetër të përbërësve dhe i përziejmë mirë.

Marule Bib me Sallatë Vinegrette Kikiriku

Përbërësit:
1 kokërr marule, e shpëlarë, e rrahur dhe e grirë

Veshja
2 lugë gjelle. uthull të bardhë të distiluar

4 lugë vaj makadamia

Piper i zi i sapo bluar

3/4 filxhan kikirikë të bluar imët

Kripë deti

Përgatitja

Kombinoni të gjithë përbërësit e salcës në një përpunues ushqimi.

I përziejmë me pjesën tjetër të përbërësve dhe i përziejmë mirë.

Grilles Boston sallatë marule

Përbërësit:

1 kokë marule Boston, e shpëlarë, e lyer dhe e grirë

Veshja

2 lugë gjelle. uthull verë e bardhë

4 lugë vaj ulliri ekstra të virgjër

Piper i zi i sapo bluar

3/4 filxhan bajame të grira hollë

Kripë deti

Përgatitja

Grini marulen dhe/ose zarzavatet në zjarr mesatar derisa të karbonizohen lehtë

Kombinoni të gjithë përbërësit e salcës në një përpunues ushqimi.

I përziejmë me pjesën tjetër të përbërësve dhe i përziejmë mirë.

Sallatë marule Romaine e pjekur në skarë

Përbërësit:
1 kokë marule rome, e shpëlarë, e rrahur dhe e grirë

Veshja
2 lugë gjelle. Uthull balsamike

4 lugë vaj ulliri ekstra të virgjër

Piper i zi i sapo bluar

3/4 filxhan kikirikë të bluar imët

Kripë deti

Përgatitja
Grini marulen dhe/ose zarzavatet në zjarr mesatar derisa të karbonizohen lehtë

Kombinoni të gjithë përbërësit e salcës në një përpunues ushqimi.

I përziejmë me pjesën tjetër të përbërësve dhe i përziejmë mirë.

Sallatë me marule rome të pjekur në skarë dhe vinaigrette me shqeme

Përbërësit:

1 kokë marule rome, e shpëlarë, e rrahur dhe e grirë

Veshja

2 lugë gjelle. uthull verë e kuqe

4 lugë vaj ulliri

Piper i zi i sapo bluar

3/4 filxhan shqeme të grira imët

Kripë deti

Përgatitja

Grini marulen dhe/ose zarzavatet në zjarr mesatar derisa të karbonizohen lehtë

Kombinoni të gjithë përbërësit e salcës në një përpunues ushqimi.

I përziejmë me pjesën tjetër të përbërësve dhe i përziejmë mirë.

Sallatë e pjekur në skarë marule rome dhe vinaigrette bajame

Përbërësit:

1 kokë marule rome, e shpëlarë, e rrahur dhe e grirë

Veshja

2 lugë gjelle. uthull verë e kuqe

4 lugë vaj ulliri ekstra të virgjër

Piper i zi i sapo bluar

3/4 filxhan bajame të grira hollë

Kripë deti

Përgatitja

Grini marulen dhe/ose zarzavatet në zjarr mesatar derisa të karbonizohen lehtë

Kombinoni të gjithë përbërësit e salcës në një përpunues ushqimi.

I përziejmë me pjesën tjetër të përbërësve dhe i përziejmë mirë.

Lakra Napa e pjekur në skarë me vinaigrette shqeme

Përbërësit:

1 kokë lakër Napa, e shpëlarë, e rrahur dhe e grirë

½ filxhan kaperi

Veshja

2 lugë gjelle. Uthull balsamike

4 lugë vaj makadamia

Piper i zi i sapo bluar

3/4 filxhan shqeme të grira imët

Kripë deti

Përgatitja

Grini marulen dhe/ose zarzavatet në zjarr mesatar derisa të karbonizohen lehtë

Kombinoni të gjithë përbërësit e salcës në një përpunues ushqimi.

I përziejmë me pjesën tjetër të përbërësve dhe i përziejmë mirë.

Marule Boston të pjekur në skarë dhe sallatë vinaigrette shqeme

Përbërësit:
1 kokë marule Boston, e shpëlarë, e lyer dhe e grirë
½ filxhan ullinj jeshil

Veshja
2 lugë gjelle. uthull verë e bardhë
4 lugë vaj ulliri ekstra të virgjër
Piper i zi i sapo bluar
3/4 filxhan shqeme të grira imët
Kripë deti

Përgatitja
Grini marulen dhe/ose zarzavatet në zjarr mesatar derisa të karbonizohen lehtë

Kombinoni të gjithë përbërësit e salcës në një përpunues ushqimi.

I përziejmë me pjesën tjetër të përbërësve dhe i përziejmë mirë.

Sallatë me marule rome të pjekur në skarë dhe ullinj jeshil

Përbërësit:
1 kokë marule rome, e shpëlarë, e rrahur dhe e grirë

½ filxhan ullinj jeshil

Veshja
2 lugë gjelle. uthull molle

4 lugë vaj ulliri

Piper i zi i sapo bluar

3/4 filxhani arra të grira imët

Kripë deti

Përgatitja
Grini marulen dhe/ose zarzavatet në zjarr mesatar derisa të karbonizohen lehtë

Kombinoni të gjithë përbërësit e salcës në një përpunues ushqimi.

I përziejmë me pjesën tjetër të përbërësve dhe i përziejmë mirë.

Sallatë me marule të pjekur në skarë dhe ullinj jeshil

Përbërësit:
1 kokërr marule, e shpëlarë, e rrahur dhe e grirë

½ filxhan ullinj jeshil

Veshja
2 lugë gjelle. uthull verë e kuqe

4 lugë vaj ulliri ekstra të virgjër

Piper i zi i sapo bluar

3/4 filxhan bajame të grira hollë

Kripë deti

Përgatitja
Grini marulen dhe/ose zarzavatet në zjarr mesatar derisa të karbonizohen lehtë

Kombinoni të gjithë përbërësit e salcës në një përpunues ushqimi.

I përziejmë me pjesën tjetër të përbërësve dhe i përziejmë mirë.

Sallatë me marule rome të pjekur në skarë dhe kaperi jeshile

Përbërësit:
1 kokë marule rome, e shpëlarë, e rrahur dhe e grirë

½ filxhan kaperi jeshile

Veshja
2 lugë gjelle. uthull molle

4 lugë vaj ulliri ekstra të virgjër

Piper i zi i sapo bluar

3/4 filxhan kikirikë të bluar imët

Kripë deti

Përgatitja
Grini marulen dhe/ose zarzavatet në zjarr mesatar derisa të karbonizohen lehtë

Kombinoni të gjithë përbërësit e salcës në një përpunues ushqimi.

I përziejmë me pjesën tjetër të përbërësve dhe i përziejmë mirë.

Sallatë me marule dhe kaperi të pjekur në skarë

Përbërësit:
1 kokë marule rome, e shpëlarë, e rrahur dhe e grirë

½ filxhan kaperi jeshile

Veshja
2 lugë gjelle. uthull verë e bardhë

4 lugë vaj ulliri ekstra të virgjër

Piper i zi i sapo bluar

3/4 filxhani arra të grira imët

Kripë deti

Përgatitja
Grini marulen dhe/ose zarzavatet në zjarr mesatar derisa të karbonizohen lehtë

Kombinoni të gjithë përbërësit e salcës në një përpunues ushqimi.

I përziejmë me pjesën tjetër të përbërësve dhe i përziejmë mirë.

Sallatë Boston i pjekur në skarë dhe Ullinj të Zi

Përbërësit:

1 kokë marule Boston, e shpëlarë, e lyer dhe e grirë

½ filxhan ullinj të zinj

Veshja

2 lugë gjelle. Uthull balsamike

4 lugë vaj makadamia

Piper i zi i sapo bluar

3/4 filxhan shqeme të grira imët

Kripë deti

Përgatitja

Grini marulen dhe/ose zarzavatet në zjarr mesatar derisa të karbonizohen lehtë

Kombinoni të gjithë përbërësit e salcës në një përpunues ushqimi.

I përziejmë me pjesën tjetër të përbërësve dhe i përziejmë mirë.

Sallatë me marule rome të pjekur në skarë dhe ullinj kalamata

Përbërësit:

1 kokë marule rome, e shpëlarë, e rrahur dhe e grirë

½ filxhan ullinj Kalamata

Veshja

2 lugë gjelle. uthull verë e kuqe

4 lugë vaj ulliri

Piper i zi i sapo bluar

3/4 filxhan bajame të grira hollë

Kripë deti

Përgatitja

Grini marulen dhe/ose zarzavatet në zjarr mesatar derisa të karbonizohen lehtë

Kombinoni të gjithë përbërësit e salcës në një përpunues ushqimi.

I përziejmë me pjesën tjetër të përbërësve dhe i përziejmë mirë.

Marule Romaine me ullinj jeshil dhe vinaigrette kikiriku

Përbërësit:

1 kokë marule rome, e shpëlarë, e rrahur dhe e grirë

½ filxhan ullinj jeshil

Veshja

2 lugë gjelle. uthull molle

4 lugë vaj ulliri ekstra të virgjër

Piper i zi i sapo bluar

3/4 filxhan kikirikë të bluar imët

Kripë deti

Përgatitja

Kombinoni të gjithë përbërësit e salcës në një përpunues ushqimi.

I përziejmë me pjesën tjetër të përbërësve dhe i përziejmë mirë.

Romaine marule kaperi dhe vinaigrette bajame

Përbërësit:

1 kokë marule rome, e shpëlarë, e rrahur dhe e grirë

½ filxhan kaperi

Veshja

2 lugë gjelle. uthull molle

4 lugë vaj ulliri ekstra të virgjër

Piper i zi i sapo bluar

3/4 filxhan bajame të grira hollë

Kripë deti

Përgatitja

Kombinoni të gjithë përbërësit e salcës në një përpunues ushqimi.

I përziejmë me pjesën tjetër të përbërësve dhe i përziejmë mirë.

Marule Boston me Zemra Angjinarja dhe Vinaigrette shqeme

Përbërësit:

1 kokë marule Boston, e shpëlarë, e lyer dhe e grirë

½ filxhan zemrat e artiçokut

Veshja

2 lugë gjelle. uthull verë e bardhë

4 lugë vaj ulliri ekstra të virgjër

Piper i zi i sapo bluar

3/4 filxhan shqeme të grira imët

Kripë deti

Përgatitja

Kombinoni të gjithë përbërësit e salcës në një përpunues ushqimi.

I përziejmë me pjesën tjetër të përbërësve dhe i përziejmë mirë.

Zemra Angjinarja dhe Angjinarja me Glaze Balsamike

Përbërësit:

1 angjinarja, e shpëlarë dhe e prekur

½ filxhan zemrat e artiçokut

Veshja

2 lugë gjelle. Uthull balsamike

4 lugë vaj makadamia

Piper i zi i sapo bluar

3/4 filxhan kikirikë të bluar imët

Kripë deti

Përgatitja

Kombinoni të gjithë përbërësit e salcës në një përpunues ushqimi.

I përziejmë me pjesën tjetër të përbërësve dhe i përziejmë mirë.

Angjinarja dhe ullinj jeshil me vinaigrette arre

Përbërësit:

1 angjinarja, e shpëlarë dhe e prekur

½ filxhan ullinj jeshil

Veshja

2 lugë gjelle. uthull verë e kuqe

4 lugë vaj ulliri ekstra të virgjër

Piper i zi i sapo bluar

3/4 filxhani arra të grira imët

Kripë deti

Përgatitja

Kombinoni të gjithë përbërësit e salcës në një përpunues ushqimi.

I përziejmë me pjesën tjetër të përbërësve dhe i përziejmë mirë.

Marule Romaine me ullinj të zinj dhe zemra artichoke

Përbërësit:

1 kokë marule rome, e shpëlarë, e rrahur dhe e grirë

½ filxhan ullinj të zinj

½ filxhan zemrat e artiçokut

Veshja

2 lugë gjelle. uthull molle

4 lugë vaj ulliri

Piper i zi i sapo bluar

3/4 filxhan bajame të grira hollë

Kripë deti

Përgatitja

Kombinoni të gjithë përbërësit e salcës në një përpunues ushqimi.

I përziejmë me pjesën tjetër të përbërësve dhe i përziejmë mirë.

Zemra Angjinare me Sallatë Ulliri të Zi

Përbërësit:

1 kokë marule rome, e shpëlarë, e rrahur dhe e grirë

½ filxhan ullinj të zinj

½ filxhan zemrat e artiçokut

Veshja

2 lugë gjelle. uthull verë e bardhë

4 lugë vaj ulliri ekstra të virgjër

Piper i zi i sapo bluar

3/4 filxhan kikirikë të bluar imët

Kripë deti

Përgatitja

Kombinoni të gjithë përbërësit e salcës në një përpunues ushqimi.

I përziejmë me pjesën tjetër të përbërësve dhe i përziejmë mirë.

Sallatë me zemër me marule me ullinj të zi dhe artichoke

Përbërësit:

1 kokë marule Boston, e shpëlarë, e lyer dhe e grirë

½ filxhan ullinj të zinj

½ filxhan zemrat e artiçokut

Veshja

2 lugë gjelle. uthull verë e kuqe

4 lugë vaj ulliri ekstra të virgjër

Piper i zi i sapo bluar

3/4 filxhan bajame të grira hollë

Kripë deti

Përgatitja

Kombinoni të gjithë përbërësit e salcës në një përpunues ushqimi.

I përziejmë me pjesën tjetër të përbërësve dhe i përziejmë mirë.

Marule Romaine me Zemër Angjinarja me Sallatë Macadamia Vinaigrette

Përbërësit:

1 kokë marule rome, e shpëlarë, e rrahur dhe e grirë

½ filxhan ullinj të zinj

½ filxhan zemrat e artiçokut

Veshja

2 lugë gjelle. Uthull balsamike

4 lugë vaj makadamia

Piper i zi i sapo bluar

3/4 filxhan shqeme të grira imët

Kripë deti

Përgatitja

Kombinoni të gjithë përbërësit e salcës në një përpunues ushqimi.

I përziejmë me pjesën tjetër të përbërësve dhe i përziejmë mirë.

Sallatë Zemër me Marule Bib Ullinj të Zi dhe Angjinarja

Përbërësit:

1 kokërr marule, e shpëlarë, e rrahur dhe e grirë

½ filxhan ullinj të zinj

½ filxhan zemrat e artiçokut

Veshja

2 lugë gjelle. uthull verë e bardhë

4 lugë vaj ulliri ekstra të virgjër

Piper i zi i sapo bluar

3/4 filxhan bajame të grira hollë

Kripë deti

Përgatitja

Kombinoni të gjithë përbërësit e salcës në një përpunues ushqimi.

I përziejmë me pjesën tjetër të përbërësve dhe i përziejmë mirë.

Marule Boston me vinaigrette sider molle

Përbërësit:

1 kokë marule Boston, e shpëlarë, e lyer dhe e grirë

½ filxhan ullinj të zinj

½ filxhan zemrat e artiçokut

Veshja

2 lugë gjelle. uthull molle

4 lugë vaj ulliri ekstra të virgjër

Piper i zi i sapo bluar

3/4 filxhan kikirikë të bluar imët

Kripë deti

Përgatitja

Kombinoni të gjithë përbërësit e salcës në një përpunues ushqimi.

I përziejmë me pjesën tjetër të përbërësve dhe i përziejmë mirë.

Marule Romaine me Zemër Angjinarja dhe Sallatë Vinaigrette Shqeme

Përbërësit:

1 kokë marule rome, e shpëlarë, e rrahur dhe e grirë

½ filxhan ullinj të zinj

½ filxhan zemrat e artiçokut

Veshja

2 lugë gjelle. uthull verë e kuqe

4 lugë vaj ulliri

Piper i zi i sapo bluar

3/4 filxhan shqeme të grira imët

Kripë deti

Përgatitja

Kombinoni të gjithë përbërësit e salcës në një përpunues ushqimi.

I përziejmë me pjesën tjetër të përbërësve dhe i përziejmë mirë.

Zemra e artiçokut me marule Romaine dhe sallatë me ullinj jeshil

Përbërësit:

1 kokë marule rome, e shpëlarë, e rrahur dhe e grirë

½ filxhan ullinj jeshil

½ filxhan zemrat e artiçokut

Veshja

2 lugë gjelle. uthull verë e kuqe

4 lugë vaj makadamia

Piper i zi i sapo bluar

3/4 filxhani arra të grira imët

Kripë deti

Përgatitja

Kombinoni të gjithë përbërësit e salcës në një përpunues ushqimi.

I përziejmë me pjesën tjetër të përbërësve dhe i përziejmë mirë.

Sallatë me zemër me ullinj kalamata me marule dhe angjinare

Përbërësit:

1 kokërr marule, e shpëlarë, e rrahur dhe e grirë

½ filxhan ullinj Kalamata

½ filxhan zemrat e artiçokut

Veshja

2 lugë gjelle. uthull verë e bardhë

4 lugë vaj ulliri ekstra të virgjër

Piper i zi i sapo bluar

3/4 filxhan bajame të grira hollë

Kripë deti

Përgatitja

Kombinoni të gjithë përbërësit e salcës në një përpunues ushqimi.

I përziejmë me pjesën tjetër të përbërësve dhe i përziejmë mirë.

Sallatë me zemër me misër me marule Romaine dhe karçoko

Përbërësit:

1 kokë marule rome, e shpëlarë, e rrahur dhe e grirë

½ filxhan misër bebe

½ filxhan zemrat e artiçokut

Veshja

2 lugë gjelle. Uthull balsamike

4 lugë vaj makadamia

Piper i zi i sapo bluar

3/4 filxhan shqeme të grira imët

Kripë deti

Përgatitja

Kombinoni të gjithë përbërësit e salcës në një përpunues ushqimi.

I përziejmë me pjesën tjetër të përbërësve dhe i përziejmë mirë.

Sallatë me karrota për fëmijë me marule të Bostonit dhe zemër me angjinare

Përbërësit:

1 kokë marule Boston, e shpëlarë, e lyer dhe e grirë

½ filxhan karrota bebe

½ filxhan zemrat e artiçokut

Veshja

2 lugë gjelle. uthull verë e bardhë

4 lugë vaj ulliri ekstra të virgjër

Piper i zi i sapo bluar

3/4 filxhan kikirikë të bluar imët

Kripë deti

Përgatitja

Kombinoni të gjithë përbërësit e salcës në një përpunues ushqimi.

I përziejmë me pjesën tjetër të përbërësve dhe i përziejmë mirë.

Romaine marule ullinj të zi dhe sallatë misri fëmijë

Përbërësit:

1 kokë marule rome, e shpëlarë, e rrahur dhe e grirë

½ filxhan ullinj të zinj

½ filxhan misër të konservuar për fëmijë

Veshja

2 lugë gjelle. uthull molle

4 lugë vaj ulliri

Piper i zi i sapo bluar

3/4 filxhan bajame të grira hollë

Kripë deti

Përgatitja

Kombinoni të gjithë përbërësit e salcës në një përpunues ushqimi.

I përziejmë me pjesën tjetër të përbërësve dhe i përziejmë mirë.

Marule Romaine & Karrota Baby me Sallatë Vinaigrette me Arra

Përbërësit:

1 kokë marule rome, e shpëlarë, e rrahur dhe e grirë

½ filxhan ullinj të zinj

½ filxhan karrota bebe

Veshja

2 lugë gjelle. uthull verë e bardhë

4 lugë vaj ulliri ekstra të virgjër

Piper i zi i sapo bluar

3/4 filxhani arra të grira imët

Kripë deti

Përgatitja

Kombinoni të gjithë përbërësit e salcës në një përpunues ushqimi.

I përziejmë me pjesën tjetër të përbërësve dhe i përziejmë mirë.

Marule Boston me Kaperi dhe Sallatë Zemre Angjinarja

Përbërësit:
1 kokë marule Boston, e shpëlarë, e lyer dhe e grirë

½ filxhan kaperi

½ filxhan zemrat e artiçokut

Veshja
2 lugë gjelle. uthull verë e kuqe

4 lugë vaj ulliri ekstra të virgjër

Piper i zi i sapo bluar

3/4 filxhan bajame të grira hollë

Kripë deti

Përgatitja

Kombinoni të gjithë përbërësit e salcës në një përpunues ushqimi.

I përziejmë me pjesën tjetër të përbërësve dhe i përziejmë mirë.

Romaine marule ullinj jeshil dhe zemër Angjinarja me Macadamia Vinaigrette

Përbërësit:

1 kokë marule rome, e shpëlarë, e rrahur dhe e grirë

½ filxhan ullinj jeshil

½ filxhan zemrat e artiçokut

Veshja

2 lugë gjelle. Uthull balsamike

4 lugë vaj makadamia

Piper i zi i sapo bluar

3/4 filxhan shqeme të grira imët

Kripë deti

Përgatitja

Kombinoni të gjithë përbërësit e salcës në një përpunues ushqimi.

I përziejmë me pjesën tjetër të përbërësve dhe i përziejmë mirë.

Bib marule ulliri dhe karrota bebe me sallatë vinaigrette arre

Përbërësit:

1 kokërr marule, e shpëlarë, e rrahur dhe e grirë

½ filxhan ullinj të zinj

½ filxhan karrota bebe

Veshja

2 lugë gjelle. uthull molle

4 lugë vaj ulliri ekstra të virgjër

Piper i zi i sapo bluar

3/4 filxhani arra të grira imët

Kripë deti

Përgatitja

Kombinoni të gjithë përbërësit e salcës në një përpunues ushqimi.

I përziejmë me pjesën tjetër të përbërësve dhe i përziejmë mirë.

Marule Romaine me sallatë misri për fëmijë

Përbërësit:

1 kokë marule rome, e shpëlarë, e rrahur dhe e grirë

½ filxhan ullinj të zinj

½ filxhan misër të konservuar për fëmijë

Veshja

2 lugë gjelle. uthull verë e kuqe

4 lugë vaj ulliri ekstra të virgjër

Piper i zi i sapo bluar

3/4 filxhan bajame të grira hollë

Kripë deti

Përgatitja

Kombinoni të gjithë përbërësit e salcës në një përpunues ushqimi.

I përziejmë me pjesën tjetër të përbërësve dhe i përziejmë mirë.

Romaine marule Qepë e kuqe dhe zemër Angjinarja me sallatë vinaigrette kikiriku

Përbërësit:

1 kokë marule rome, e shpëlarë, e rrahur dhe e grirë

½ filxhan qepë të kuqe të copëtuar

½ filxhan zemrat e artiçokut

Veshja

2 lugë gjelle. uthull verë e bardhë

4 lugë vaj ulliri ekstra të virgjër

Piper i zi i sapo bluar

3/4 filxhan kikirikë të bluar imët

Kripë deti

Përgatitja

Kombinoni të gjithë përbërësit e salcës në një përpunues ushqimi.

I përziejmë me pjesën tjetër të përbërësve dhe i përziejmë mirë.

Marule Boston Ullinj të Zi dhe Misër Baby me Sallatë Vinaigrette Bajame

Përbërësit:

1 kokë marule Boston, e shpëlarë, e lyer dhe e grirë

½ filxhan ullinj të zinj

½ filxhan misër të konservuar për fëmijë

Veshja

2 lugë gjelle. uthull verë e bardhë

4 lugë vaj ulliri

Piper i zi i sapo bluar

3/4 filxhan bajame të grira hollë

Kripë deti

Përgatitja

Kombinoni të gjithë përbërësit e salcës në një përpunues ushqimi.

I përziejmë me pjesën tjetër të përbërësve dhe i përziejmë mirë.

Sallatë me endive dhe ullinj jeshil

Përbërësit:

1 endive të shpëlarë, të rrahura dhe të grira

½ filxhan ullinj jeshil

½ filxhan zemrat e artiçokut

Veshja

2 lugë gjelle. uthull verë e bardhë

4 lugë vaj makadamia

Piper i zi i sapo bluar

3/4 filxhan shqeme të grira imët

Kripë deti

Përgatitja

Kombinoni të gjithë përbërësit e salcës në një përpunues ushqimi.

I përziejmë me pjesën tjetër të përbërësve dhe i përziejmë mirë.

Sallatë me zemër të përzier me ullinj dhe angjinare

Përbërësit:

1 tufë me zarzavate të përziera, të shpëlarë, të rrahura dhe të grira

½ filxhan ullinj të zinj

½ filxhan zemrat e artiçokut

Veshja

2 lugë gjelle. uthull verë e bardhë

4 lugë vaj ulliri ekstra të virgjër

Piper i zi i sapo bluar

3/4 filxhani arra të grira imët

Kripë deti

Përgatitja

Kombinoni të gjithë përbërësit e salcës në një përpunues ushqimi.

I përziejmë me pjesën tjetër të përbërësve dhe i përziejmë mirë.

Sallatë Zemre me Marule dhe Angjinare të Bostonit

Përbërësit:

1 kokë marule Boston, e shpëlarë, e lyer dhe e grirë

½ filxhan ullinj Kalamata

½ filxhan zemrat e artiçokut

Veshja

2 lugë gjelle. Uthull balsamike

4 lugë vaj ulliri ekstra të virgjër

Piper i zi i sapo bluar

3/4 filxhan bajame të grira hollë

Kripë deti

Përgatitja

Kombinoni të gjithë përbërësit e salcës në një përpunues ushqimi.

I përziejmë me pjesën tjetër të përbërësve dhe i përziejmë mirë.

Asparagus i pjekur në skarë Piper jeshil dhe kungull

Përbërësit e marinadës

1/4 filxhan vaj ulliri ekstra të virgjër

2 lugë mjaltë

4 lugë çaji uthull balsamike

1 lugë çaji rigon të tharë

1 lugë çaji hudhër pluhur

1/8 lugë çaji piper ylber

Kripë deti

Përbërësit e perimeve

1 kile shparg të freskët, të prerë

3 karota të vogla, të prera në gjysmë për së gjati

1 piper i madh jeshil i ëmbël, i prerë në shirita 1 inç

1 kungull veror mesatarisht të verdhë, të prerë në feta 1/2 inç

1 qepë e verdhë mesatare, e prerë në copa

Kombinoni përbërësit e marinadës.

Kombinoni 3 lugë marinadë dhe perime në një qese.

Marinojini 1 1/2 orë në temperaturën e dhomës ose gjatë natës në frigorifer.

Ziejini perimet në zjarr mesatar për 8-12 minuta ose derisa të zbuten.

Spërkatni marinadën e mbetur.

Kungull i njomë i thjeshtë i pjekur në skarë dhe qepë të kuqe

Përbërësit

2 kunguj të njomë të mëdhenj, të prerë për së gjati në pllaka ½ inç

2 qepë të mëdha të kuqe, të prera në unaza ½ inç, por mos i ndani në unaza individuale

2 lugë gjelle. vaj ulliri ekstra i virgjer

2 lugë gjelle. përzierje për veshjen e fermës

Lyejeni lehtë çdo anë të perimeve me vaj ulliri.

Sezoni me përzierjen e veshjes së fermës

Piqini në skarë mbi 4 minuta në zjarr mesatar ose derisa të zbuten.

Misër të thjeshtë të pjekur në skarë dhe Portobello

Përbërësit

2 Misër të mëdhenj, të prerë për së gjati

5 copë. Portobello, shpëlahet dhe kullohet

Përbërësit e marinadës:

6 lugë gjelle. vaj ulliri ekstra i virgjer

Kripë deti, për shije

3 lugë gjelle. uthull të bardhë të distiluar

1 lugë. mustardë Dijon

Marinojini perimet me përbërësit e salcës ose marinadës për 15 deri në 30 minuta.

Piqeni në skarë për 4 minuta mbi nxehtësinë mesatare ose derisa perimet të bëhen të buta.

Patëllxhan dhe kungull i njomë i marinuar në skarë

Përbërësit

2 patëllxhanë të mëdhenj, të prerë për së gjati dhe të prera në gjysmë

2 kunguj të njomë të mëdhenj, të prerë për së gjati dhe të prera në gjysmë

Përbërësit e marinadës:

6 lugë gjelle. vaj ulliri ekstra i virgjer

Kripë deti, për shije

3 lugë gjelle. uthull të bardhë të distiluar

1 lugë. mustardë Dijon

Marinojini perimet me përbërësit e salcës ose marinadës për 15 deri në 30 minuta.

Piqeni në skarë për 4 minuta mbi nxehtësinë mesatare ose derisa perimet të bëhen të buta.

Piper zile dhe brokoli të pjekur në skarë

Përbërësit

2 speca zile jeshile, të prera në gjysmë

10 lule brokolini

Përbërësit e marinadës:

6 lugë gjelle. vaj ulliri ekstra i virgjer

Kripë deti, për shije

3 lugë gjelle. uthull të bardhë të distiluar

1 lugë. mustardë Dijon

Marinojini perimet me përbërësit e salcës ose marinadës për 15 deri në 30 minuta.

Piqeni në skarë për 4 minuta mbi nxehtësinë mesatare ose derisa perimet të bëhen të buta.

Lulelakra e pjekur në skarë dhe lakrat e Brukselit

Përbërësit

10 lulelakër lulesh

10 copë. Lakrat e Brukselit

Përbërësit e marinadës:

6 lugë gjelle. vaj ulliri ekstra i virgjer

Kripë deti, për shije

3 lugë gjelle. uthull të bardhë të distiluar

1 lugë. mustardë Dijon

Marinojini perimet me përbërësit e salcës ose marinadës për 15 deri në 30 minuta.

Piqeni në skarë për 4 minuta mbi nxehtësinë mesatare ose derisa perimet të bëhen të buta.

Misër i pjekur në skarë dhe kërpudha Crimini

Përbërësit

2 misra, të prerë për së gjati

10 Kërpudha Crimini, të lara dhe të kulluara

Përbërësit e marinadës:

6 lugë gjelle. vaj ulliri ekstra i virgjer

Kripë deti, për shije

3 lugë gjelle. uthull të bardhë të distiluar

1 lugë. mustardë Dijon

Marinojini perimet me përbërësit e salcës ose marinadës për 15 deri në 30 minuta.

Piqeni në skarë për 4 minuta mbi nxehtësinë mesatare ose derisa perimet të bëhen të buta.

Patëllxhan i pjekur në skarë, kungull i njomë dhe misër

Përbërësit

2 patëllxhanë të mëdhenj, të prerë për së gjati dhe të prera në gjysmë

2 kunguj të njomë të mëdhenj, të prerë për së gjati dhe të prera në gjysmë

2 misra, të prerë për së gjati

Përbërësit e marinadës:

6 lugë gjelle. vaj ulliri ekstra i virgjer

Kripë deti, për shije

3 lugë gjelle. uthull të bardhë të distiluar

1 lugë. mustardë Dijon

Marinojini perimet me përbërësit e salcës ose marinadës për 15 deri në 30 minuta.

Piqeni në skarë për 4 minuta mbi nxehtësinë mesatare ose derisa perimet të bëhen të buta.

Kungull i njomë dhe ananas i pjekur në skarë

Përbërësit

2 kunguj të njomë të mëdhenj, të prerë për së gjati në pllaka ½ inç

2 qepë të mëdha të kuqe, të prera në unaza ½ inç, por mos i ndani në unaza individuale

1 ananas mesatar, i prerë në feta 1/2 inç

10 Fasule jeshile

Përbërësit e marinadës:

6 lugë gjelle. vaj ulliri ekstra i virgjer

Kripë deti, për shije

3 lugë gjelle. uthull të bardhë të distiluar

1 lugë. mustardë Dijon

Marinojini perimet me përbërësit e salcës ose marinadës për 15 deri në 30 minuta.

Piqeni në skarë për 4 minuta mbi nxehtësinë mesatare ose derisa perimet të bëhen të buta.

Portobello dhe Asparagus të pjekur në skarë

Përbërësit

3 copë. Portobello, shpëlahet dhe kullohet

2 copë. Patëllxhan e presim për së gjati dhe e presim përgjysmë

2 copë. Kungull i njomë i presim për së gjati dhe i presim përgjysmë

6 copë. Asparagus

Përbërësit e marinadës:

6 lugë gjelle. vaj ulliri ekstra i virgjer

Kripë deti, për shije

3 lugë gjelle. uthull të bardhë të distiluar

1 lugë. mustardë Dijon

Marinojini perimet me përbërësit e salcës ose marinadës për 15 deri në 30 minuta.

Piqeni në skarë për 4 minuta mbi nxehtësinë mesatare ose derisa perimet të bëhen të buta.

Recetë e thjeshtë me perime të pjekura në skarë

Përbërësit

3 copë. Portobello, shpëlahet dhe kullohet

2 copë. Patëllxhan e presim për së gjati dhe e presim përgjysmë

2 copë. Kungull i njomë i presim për së gjati dhe i presim përgjysmë

6 copë. Asparagus

Përbërësit e veshjes

6 lugë gjelle. vaj ulliri ekstra i virgjer

Kripë deti, për shije

3 lugë gjelle. uthull molle

1 lugë gjelle. mjaltë

1 lugë. Majonezë pa vezë

Marinojini perimet me përbërësit e salcës ose marinadës për 15 deri në 30 minuta.

Piqeni në skarë për 4 minuta mbi nxehtësinë mesatare ose derisa perimet të bëhen të buta.

Patëllxhanë japoneze të pjekur në skarë dhe kërpudha Shitake

Përbërësit

Misrat, të prerë për së gjati

2 copë. Patëllxhan japonez, të prerë për së gjati dhe të prerë në gjysmë

Kërpudha Shitake, e shpëlarë dhe e kulluar

Përbërësit e veshjes

6 lugë gjelle. vaj ulliri

Kripë deti, për shije

3 lugë gjelle. uthull verë e bardhë

1 lugë. Majonezë pa vezë

Marinojini perimet me përbërësit e salcës ose marinadës për 15 deri në 30 minuta.

Piqeni në skarë për 4 minuta mbi nxehtësinë mesatare ose derisa perimet të bëhen të buta.

Patëllxhan japonez dhe brokoli të pjekur në skarë

Përbërësit

2 speca zile jeshile, të prera në gjysmë

10 lule brokolini

2 copë. Patëllxhan japonez, të prerë për së gjati dhe të prerë në gjysmë

Përbërësit e veshjes

6 lugë gjelle. vaj susami

Kripë deti, për shije

3 lugë gjelle. uthull të bardhë të distiluar

1 lugë. Majonezë pa vezë

Marinojini perimet me përbërësit e salcës ose marinadës për 15 deri në 30 minuta.

Piqeni në skarë për 4 minuta mbi nxehtësinë mesatare ose derisa perimet të bëhen të buta.

Lulelakra e pjekur në skarë dhe lakrat e Brukselit

Përbërësit

10 lulelakër lulesh

10 copë. Lakrat e Brukselit

Përbërësit e veshjes

6 lugë gjelle. vaj susami

Kripë deti, për shije

3 lugë gjelle. uthull të bardhë të distiluar

1 lugë. Majonezë pa vezë

Marinojini perimet me përbërësit e salcës ose marinadës për 15 deri në 30 minuta.

Piqeni në skarë për 4 minuta mbi nxehtësinë mesatare ose derisa perimet të bëhen të buta.

Recetë japoneze dhe lulelakër të pjekur në skarë me glazurë balsamike

Përbërësit

2 speca zile jeshile, të prera në gjysmë për së gjati

10 lule lulelakrash

2 copë. Patëllxhan japonez, të prerë për së gjati dhe të prerë në gjysmë

Përbërësit e veshjes

6 lugë gjelle. vaj ulliri ekstra i virgjer

Kripë deti, për shije

3 lugë gjelle. Uthull balsamike

1 lugë. mustardë Dijon

Marinojini perimet me përbërësit e salcës ose marinadës për 15 deri në 30 minuta.

Piqeni në skarë për 4 minuta mbi nxehtësinë mesatare ose derisa perimet të bëhen të buta.

Recetë e thjeshtë me perime të pjekura në skarë

Përbërësit

2 patëllxhanë të mëdhenj, të prerë për së gjati dhe të prera në gjysmë

1 kungull i njomë i madh, i prerë për së gjati dhe i prerë në gjysmë

5 lule brokoli

Përbërësit e marinadës:

6 lugë gjelle. vaj ulliri ekstra i virgjer

Kripë deti, për shije

3 lugë gjelle. uthull të bardhë të distiluar

1 lugë. mustardë Dijon

Marinojini perimet me përbërësit e salcës ose marinadës për 15 deri në 30 minuta.

Piqeni në skarë për 4 minuta mbi nxehtësinë mesatare ose derisa perimet të bëhen të buta.

Patëllxhan i pjekur në skarë dhe speca zile jeshile

Përbërësit

2 speca zile jeshile, të prera në gjysmë

10 lule brokolini

2 copë. Patëllxhan e presim për së gjati dhe e presim përgjysmë

Përbërësit e veshjes

6 lugë gjelle. vaj ulliri

Kripë deti, për shije

3 lugë gjelle. uthull verë e bardhë

1 lugë. mustardë angleze

Marinojini perimet me përbërësit e salcës ose marinadës për 15 deri në 30 minuta.

Piqeni në skarë për 4 minuta mbi nxehtësinë mesatare ose derisa perimet të bëhen të buta.

Asparagus Portobello dhe Bishtajat e pjekura në skarë me Vinaigrette Sider Mollë

Përbërësit

3 copë. Portobello, shpëlahet dhe kullohet

2 copë. Patëllxhan e presim për së gjati dhe e presim përgjysmë

2 copë. Kungull i njomë i presim për së gjati dhe i presim përgjysmë

6 copë. Asparagus

1 ananas mesatar, i prerë në feta 1/2 inç

10 Fasule jeshile

Përbërësit e veshjes

6 lugë gjelle. vaj ulliri ekstra i virgjer

Kripë deti, për shije

3 lugë gjelle. uthull molle

1 lugë gjelle. mjaltë

1 lugë. Majonezë pa vezë

Marinojini perimet me përbërësit e salcës ose marinadës për 15 deri në 30 minuta.

Piqeni në skarë për 4 minuta mbi nxehtësinë mesatare ose derisa perimet të bëhen të buta.

Fasule të pjekura në skarë dhe kërpudha Portobello

Përbërësit

Misrat, të prerë për së gjati

5 copë. Kërpudhat Portobello, të lara dhe të kulluara

10 Fasule jeshile

Përbërësit e veshjes

6 lugë gjelle. vaj ulliri

Kripë deti, për shije

3 lugë gjelle. uthull verë e bardhë

1 lugë. Majonezë pa vezë

Marinojini perimet me përbërësit e salcës ose marinadës për 15 deri në 30 minuta.

Piqeni në skarë për 4 minuta mbi nxehtësinë mesatare ose derisa perimet të bëhen të buta.

Lakrat e Brukselit dhe Fasulet jeshile

Përbërësit

10 lulelakër lulesh

10 copë. Lakrat e Brukselit

10 Fasule jeshile

Përbërësit e veshjes

6 lugë gjelle. vaj ulliri

Kripë deti, për shije

3 lugë gjelle. uthull verë e bardhë

1 lugë. Majonezë pa vezë

Marinojini perimet me përbërësit e salcës ose marinadës për 15 deri në 30 minuta.

Piqeni në skarë për 4 minuta mbi nxehtësinë mesatare ose derisa perimet të bëhen të buta.

Kungull i njomë dhe qepë në veshjen e fermës

Përbërësit

2 kunguj të njomë të mëdhenj, të prerë për së gjati në pllaka ½ inç

2 qepë të mëdha të kuqe, të prera në unaza ½ inç, por mos i ndani në unaza individuale

2 lugë gjelle. vaj ulliri ekstra i virgjer

2 lugë gjelle. përzierje për veshjen e fermës

Marinojini perimet me përbërësit e salcës ose marinadës për 15 deri në 30 minuta.

Piqeni në skarë për 4 minuta mbi nxehtësinë mesatare ose derisa perimet të bëhen të buta.

Bishtaja dhe ananasi i pjekur në skarë në vinaigrette balsamike

Përbërësit

1 ananas mesatar, i prerë në feta 1/2 inç

10 Fasule jeshile

Përbërësit e veshjes

6 lugë gjelle. vaj ulliri ekstra i virgjer

Kripë deti, për shije

3 lugë gjelle. Uthull balsamike

1 lugë. mustardë Dijon

Marinojini perimet me përbërësit e salcës ose marinadës për 15 deri në 30 minuta.

Piqeni në skarë për 4 minuta mbi nxehtësinë mesatare ose derisa perimet të bëhen të buta.

Brokoli dhe patëllxhanë të pjekur në skarë

Përbërësit

1 patëllxhanë të mëdha, të prera për së gjati dhe të prera në gjysmë

1 kungull i njomë i madh, i prerë për së gjati dhe i prerë në gjysmë

10 Fasule jeshile

10 lule brokolini

Përbërësit e marinadës:

6 lugë gjelle. vaj ulliri ekstra i virgjer

Kripë deti, për shije

3 lugë gjelle. uthull të bardhë të distiluar

1 lugë. mustardë Dijon

Marinojini perimet me përbërësit e salcës ose marinadës për 15 deri në 30 minuta.

Piqeni në skarë për 4 minuta mbi nxehtësinë mesatare ose derisa perimet të bëhen të buta.

Brokoli i pjekur në skarë dhe speca jeshil

Përbërësit

2 speca zile jeshile, të prera në gjysmë

8 lule brokolini

Përbërësit e veshjes

6 lugë gjelle. vaj susami

Kripë deti, për shije

3 lugë gjelle. uthull të bardhë të distiluar

1 lugë. Majonezë pa vezë

Marinojini perimet me përbërësit e salcës ose marinadës për 15 deri në 30 minuta.

Piqeni në skarë për 4 minuta mbi nxehtësinë mesatare ose derisa perimet të bëhen të buta.

Kungull i njomë dhe karrota të pjekura në skarë

Përbërësit

2 kunguj të njomë të mëdhenj, të prerë për së gjati në pllaka ½ inç

1 qepë e madhe e kuqe, e prerë në unaza ½ inç, por mos e ndani në unaza individuale

1 karotë e madhe, e qëruar dhe e prerë për së gjati

Përbërësit e veshjes

6 lugë gjelle. vaj ulliri

Kripë deti, për shije

3 lugë gjelle. uthull verë e bardhë

1 lugë. mustardë angleze

Marinojini perimet me përbërësit e salcës ose marinadës për 15 deri në 30 minuta.

Piqeni në skarë për 4 minuta mbi nxehtësinë mesatare ose derisa perimet të bëhen të buta.

Kërpudha Portobello të pjekur në skarë në vinaigrette sider molle

Përbërësit

Misrat, të prerë për së gjati

5 copë. Kërpudhat Portobello, të lara dhe të kulluara

Përbërësit e veshjes

6 lugë gjelle. vaj ulliri ekstra i virgjer

Kripë deti, për shije

3 lugë gjelle. uthull molle

1 lugë gjelle. mjaltë

1 lugë. Majonezë pa vezë

Marinojini perimet me përbërësit e salcës ose marinadës për 15 deri në 30 minuta.

Piqeni në skarë për 4 minuta mbi nxehtësinë mesatare ose derisa perimet të bëhen të buta.

Karota të pjekura në skarë me lakrat e Brukselit

Përbërësit

10 lulelakër lulesh

10 copë. Lakrat e Brukselit

1 karotë e madhe, e qëruar dhe e prerë për së gjati

Përbërësit e veshjes

6 lugë gjelle. vaj ulliri

Kripë deti, për shije

3 lugë gjelle. uthull verë e bardhë

1 lugë. Majonezë pa vezë

Marinojini perimet me përbërësit e salcës ose marinadës për 15 deri në 30 minuta.

Piqeni në skarë për 4 minuta mbi nxehtësinë mesatare ose derisa perimet të bëhen të buta.

Receta me majdanoz dhe kungulleshka të pjekur në skarë

Përbërësit

1 majdanoz i madh, i qëruar dhe i prerë për së gjati

1 kungull i njomë i madh, i prerë për së gjati në pllaka ½ inç

2 qepë të mëdha të kuqe, të prera në unaza ½ inç, por mos i ndani në unaza individuale

Përbërësit e marinadës:

6 lugë gjelle. vaj ulliri ekstra i virgjer

Kripë deti, për shije

3 lugë gjelle. uthull të bardhë të distiluar

1 lugë. mustardë Dijon

Marinojini perimet me përbërësit e salcës ose marinadës për 15 deri në 30 minuta.

Piqeni në skarë për 4 minuta mbi nxehtësinë mesatare ose derisa perimet të bëhen të buta.

Rrepë e pjekur në skarë në vinaigrette orientale

Përbërësit

1 rrepë e madhe, e qëruar dhe e prerë për së gjati

2 speca zile jeshile, të prera në gjysmë

10 lule brokolini

Përbërësit e veshjes

6 lugë gjelle. vaj susami

Kripë deti, për shije

3 lugë gjelle. uthull të bardhë të distiluar

1 lugë. Majonezë pa vezë

Marinojini perimet me përbërësit e salcës ose marinadës për 15 deri në 30 minuta.

Piqeni në skarë për 4 minuta mbi nxehtësinë mesatare ose derisa perimet të bëhen të buta.

Karrota, rrepë dhe Portobello të pjekura në skarë me glazurë balsamike

Përbërësit

1 karota të mëdha, të qëruara dhe të prera për së gjati

1 rrepë e madhe, e qëruar dhe e prerë për së gjati

1 misër i prerë për së gjati

2 copë. Kërpudhat Portobello, të lara dhe të kulluara

Përbërësit e veshjes

6 lugë gjelle. vaj ulliri ekstra i virgjer

Kripë deti, për shije

3 lugë gjelle. Uthull balsamike

1 lugë. mustardë Dijon

Marinojini perimet me përbërësit e salcës ose marinadës për 15 deri në 30 minuta.

Piqeni në skarë për 4 minuta mbi nxehtësinë mesatare ose derisa perimet të bëhen të buta.

Kungull i njomë dhe mango të pjekura në skarë

Përbërësit

2 kunguj të njomë të mëdhenj, të prerë për së gjati dhe të prera në gjysmë

2 mango të mëdha, të prera për së gjati dhe pa gropa

Përbërësit e veshjes

6 lugë gjelle. vaj susami

Kripë deti, për shije

3 lugë gjelle. uthull të bardhë të distiluar

1 lugë. Majonezë pa vezë

Marinojini perimet me përbërësit e salcës ose marinadës për 15 deri në 30 minuta.

Piqeni në skarë për 4 minuta mbi nxehtësinë mesatare ose derisa perimet të bëhen të buta.

Për mangon, piqni në skarë vetëm derisa të filloni të shihni shenja kafe të grilit.

Misër i pjekur në skarë dhe Fasule jeshile

Përbërësit

½ filxhan misër bebe

1 ananas mesatar, i prerë në feta 1/2 inç

10 Fasule jeshile

2 qepë të mëdha të kuqe, të prera në unaza ½ inç, por mos i ndani në unaza individuale

Përbërësit e veshjes

6 lugë gjelle. vaj ulliri

Kripë deti, për shije

3 lugë gjelle. uthull verë e bardhë

1 lugë. mustardë angleze

Marinojini perimet me përbërësit e salcës ose marinadës për 15 deri në 30 minuta.

Piqeni në skarë për 4 minuta mbi nxehtësinë mesatare ose derisa perimet të bëhen të buta.

Zemra Angjinarja e pjekur në skarë dhe Lakra Brukseli

Përbërësit

½ filxhan zemrat e konservuara të angjinares

5 lule brokoli

10 copë. Lakrat e Brukselit

Përbërësit e veshjes

6 lugë gjelle. vaj ulliri

Kripë deti, për shije

3 lugë gjelle. uthull verë e bardhë

1 lugë. Majonezë pa vezë

Marinojini perimet me përbërësit e salcës ose marinadës për 15 deri në 30 minuta.

Piqeni në skarë për 4 minuta mbi nxehtësinë mesatare ose derisa perimet të bëhen të buta.

Grilles Bell Peppers Brokolini dhe Lakra Brukseli me Glaze Molle Mjalti

Përbërësit

10 lule brokolini

½ filxhan zemrat e konservuara të angjinares

10 Lakër Brukseli

Përbërësit e veshjes

6 lugë gjelle. vaj ulliri ekstra i virgjer

Kripë deti, për shije

3 lugë gjelle. uthull molle

1 lugë gjelle. mjaltë

1 lugë. Majonezë pa vezë

Marinojini perimet me përbërësit e salcës ose marinadës për 15 deri në 30 minuta.

Piqeni në skarë për 4 minuta mbi nxehtësinë mesatare ose derisa perimet të bëhen të buta.

Receta me speca zile të ndryshme të pjekura në skarë me lule brokolini

Përbërësit

1 piper jeshil i prerë në gjysmë

1 spec zile të verdhë, të prerë në gjysmë

1 spec i kuq zile, i prerë në gjysmë

10 lule brokolini

Përbërësit e marinadës:

6 lugë gjelle. vaj ulliri ekstra i virgjer

Kripë deti, për shije

3 lugë gjelle. uthull të bardhë të distiluar

1 lugë. mustardë Dijon

Marinojini perimet me përbërësit e salcës ose marinadës për 15 deri në 30 minuta.

Piqeni në skarë për 4 minuta mbi nxehtësinë mesatare ose derisa perimet të bëhen të buta.

Patëllxhan i pjekur në skarë, kungull i njomë me speca të ndryshëm

Përbërësit

1 patëllxhan i vogël, i prerë për së gjati dhe i prerë në gjysmë

1 kungull i njomë i vogël, i prerë për së gjati dhe i prerë në gjysmë

1 piper jeshil i prerë në gjysmë

1 spec zile të verdhë, të prerë në gjysmë

1 spec i kuq zile, i prerë në gjysmë

Përbërësit e veshjes

6 lugë gjelle. vaj susami

Kripë deti, për shije

3 lugë gjelle. uthull të bardhë të distiluar

1 lugë. Majonezë pa vezë

Marinojini perimet me përbërësit e salcës ose marinadës për 15 deri në 30 minuta.

Piqeni në skarë për 4 minuta mbi nxehtësinë mesatare ose derisa perimet të bëhen të buta.

Portobello e pjekur në skarë dhe qepë e kuqe

Përbërësit

1 misër i prerë për së gjati

5 copë. Kërpudhat Portobello, të lara dhe të kulluara

1 qepë e kuqe mesatare, e prerë në unaza ½ inç por mos e ndani në unaza individuale

Përbërësit e veshjes

6 lugë gjelle. vaj ulliri ekstra i virgjer

Kripë deti, për shije

3 lugë gjelle. Uthull balsamike

1 lugë. mustardë Dijon

Marinojini perimet me përbërësit e salcës ose marinadës për 15 deri në 30 minuta.

Piqeni në skarë për 4 minuta mbi nxehtësinë mesatare ose derisa perimet të bëhen të buta.

Misër i pjekur në skarë dhe qepë të kuqe

Përbërësit

2 kunguj të njomë të mëdhenj, të prerë për së gjati në pllaka ½ inç

2 qepë të mëdha të kuqe, të prera në unaza ½ inç, por mos i ndani në unaza individuale

1 misër, i prerë për së gjati

Përbërësit e veshjes

6 lugë gjelle. vaj susami

Kripë deti, për shije

3 lugë gjelle. uthull të bardhë të distiluar

1 lugë. Majonezë pa vezë

Marinojini perimet me përbërësit e salcës ose marinadës për 15 deri në 30 minuta.

Piqeni në skarë për 4 minuta mbi nxehtësinë mesatare ose derisa perimet të bëhen të buta.

Lakrat e Brukselit të pjekura në skarë lulelakër dhe shparg

Përbërësit

10 lulelakër lulesh

5 copë. Lakrat e Brukselit

6 copë. Asparagus

Përbërësit e veshjes

6 lugë gjelle. vaj ulliri

Kripë deti, për shije

3 lugë gjelle. uthull verë e bardhë

1 lugë. mustardë angleze

Marinojini perimet me përbërësit e salcës ose marinadës për 15 deri në 30 minuta.

Piqeni në skarë për 4 minuta mbi nxehtësinë mesatare ose derisa perimet të bëhen të buta.

Kungull i njomë i pjekur në skarë Patëllxhanë Portobello dhe Asparagus

Përbërësit

3 copë. Portobello, shpëlahet dhe kullohet

2 copë. Patëllxhan e presim për së gjati dhe e presim përgjysmë

2 copë. Kungull i njomë i presim për së gjati dhe i presim përgjysmë

6 copë. Asparagus

Përbërësit e veshjes

6 lugë gjelle. vaj susami

Kripë deti, për shije

3 lugë gjelle. uthull të bardhë të distiluar

1 lugë. Majonezë pa vezë

Marinojini perimet me përbërësit e salcës ose marinadës për 15 deri në 30 minuta.

Piqeni në skarë për 4 minuta mbi nxehtësinë mesatare ose derisa perimet të bëhen të buta.

Recetë me piper jeshil të pjekur në skarë, brokolin dhe shparg

Përbërësit

2 speca zile jeshile, të prera në gjysmë

5 lule brokolini

6 copë. Asparagus

Përbërësit e veshjes

6 lugë gjelle. vaj ulliri ekstra i virgjer

Kripë deti, për shije

3 lugë gjelle. uthull molle

1 lugë gjelle. mjaltë

1 lugë. Majonezë pa vezë

Marinojini perimet me përbërësit e salcës ose marinadës për 15 deri në 30 minuta.

Piqeni në skarë për 4 minuta mbi nxehtësinë mesatare ose derisa perimet të bëhen të buta.

Kërpudha Portobello dhe kungull i njomë i pjekur në skarë

Përbërësit

2 kunguj të njomë të mëdhenj, të prerë për së gjati në pllaka ½ inç

2 qepë të mëdha të kuqe, të prera në unaza ½ inç, por mos i ndani në unaza individuale

2 kërpudha Portobello, të prera në gjysmë

Përbërësit e marinadës:

6 lugë gjelle. vaj ulliri ekstra i virgjer

Kripë deti, për shije

3 lugë gjelle. uthull të bardhë të distiluar

1 lugë. mustardë Dijon

Marinojini perimet me përbërësit e salcës ose marinadës për 15 deri në 30 minuta.

Piqeni në skarë për 4 minuta mbi nxehtësinë mesatare ose derisa perimet të bëhen të buta.

Ananas Asparagus i pjekur në skarë dhe Fasule jeshile

Përbërësit

10 lule brokolini

10 copë. Asparagus

1 ananas mesatar, i prerë në feta 1/2 inç

10 Fasule jeshile

Përbërësit e veshjes

6 lugë gjelle. vaj susami

Kripë deti, për shije

3 lugë gjelle. uthull të bardhë të distiluar

1 lugë. Majonezë pa vezë

Marinojini perimet me përbërësit e salcës ose marinadës për 15 deri në 30 minuta.

Piqeni në skarë për 4 minuta mbi nxehtësinë mesatare ose derisa perimet të bëhen të buta.

Bishtaja dhe patëllxhanë të pjekura në skarë

Përbërësit

2 patëllxhanë të mëdhenj, të prerë për së gjati dhe të prera në gjysmë

2 kunguj të njomë të mëdhenj, të prerë për së gjati dhe të prera në gjysmë

10 Fasule jeshile

Përbërësit e veshjes

6 lugë gjelle. vaj ulliri ekstra i virgjer

Kripë deti, për shije

3 lugë gjelle. Uthull balsamike

1 lugë. mustardë Dijon

Marinojini perimet me përbërësit e salcës ose marinadës për 15 deri në 30 minuta.

Piqeni në skarë për 4 minuta mbi nxehtësinë mesatare ose derisa perimet të bëhen të buta.

Shparg dhe brokoli të pjekur në skarë

Përbërësit

Misrat, të prerë për së gjati

5 copë. Kërpudhat Portobello, të lara dhe të kulluara

8 copë. Asparagus

Përbërësit e veshjes

6 lugë gjelle. vaj susami

Kripë deti, për shije

3 lugë gjelle. uthull të bardhë të distiluar

1 lugë. Majonezë pa vezë

Marinojini perimet me përbërësit e salcës ose marinadës për 15 deri në 30 minuta.

Piqeni në skarë për 4 minuta mbi nxehtësinë mesatare ose derisa perimet të bëhen të buta.

Lulelakra e pjekur në skarë dhe lakrat e Brukselit

Përbërësit

10 lulelakër lulesh

10 copë. Lakrat e Brukselit

10 lule brokolini

10 copë. Asparagus

Përbërësit e veshjes

6 lugë gjelle. vaj ulliri

Kripë deti, për shije

3 lugë gjelle. uthull verë e bardhë

1 lugë. mustardë angleze

Marinojini perimet me përbërësit e salcës ose marinadës për 15 deri në 30 minuta.

Piqeni në skarë për 4 minuta mbi nxehtësinë mesatare ose derisa perimet të bëhen të buta.

Brokoli i pjekur në skarë dhe lule brokoli

Përbërësit

2 speca zile jeshile, të prera në gjysmë

5 lule brokolini

5 lule brokoli

Përbërësit e veshjes

6 lugë gjelle. vaj susami

Kripë deti, për shije

3 lugë gjelle. uthull të bardhë të distiluar

1 lugë. Majonezë pa vezë

Marinojini perimet me përbërësit e salcës ose marinadës për 15 deri në 30 minuta.

Piqeni në skarë për 4 minuta mbi nxehtësinë mesatare ose derisa perimet të bëhen të buta.

Kungull i njomë i pjekur në skarë Qepë të kuqe Brokoli Lule dhe Asparagus

Përbërësit

2 kunguj të njomë të mëdhenj, të prerë për së gjati në pllaka ½ inç

2 qepë të mëdha të kuqe, të prera në unaza ½ inç, por mos i ndani në unaza individuale

10 lule brokolini

10 copë. Asparagus

Përbërësit e veshjes

6 lugë gjelle. vaj ulliri ekstra i virgjer

Kripë deti, për shije

3 lugë gjelle. uthull molle

1 lugë gjelle. mjaltë

1 lugë. Majonezë pa vezë

Marinojini perimet me përbërësit e salcës ose marinadës për 15 deri në 30 minuta.

Piqeni në skarë për 4 minuta mbi nxehtësinë mesatare ose derisa perimet të bëhen të buta.

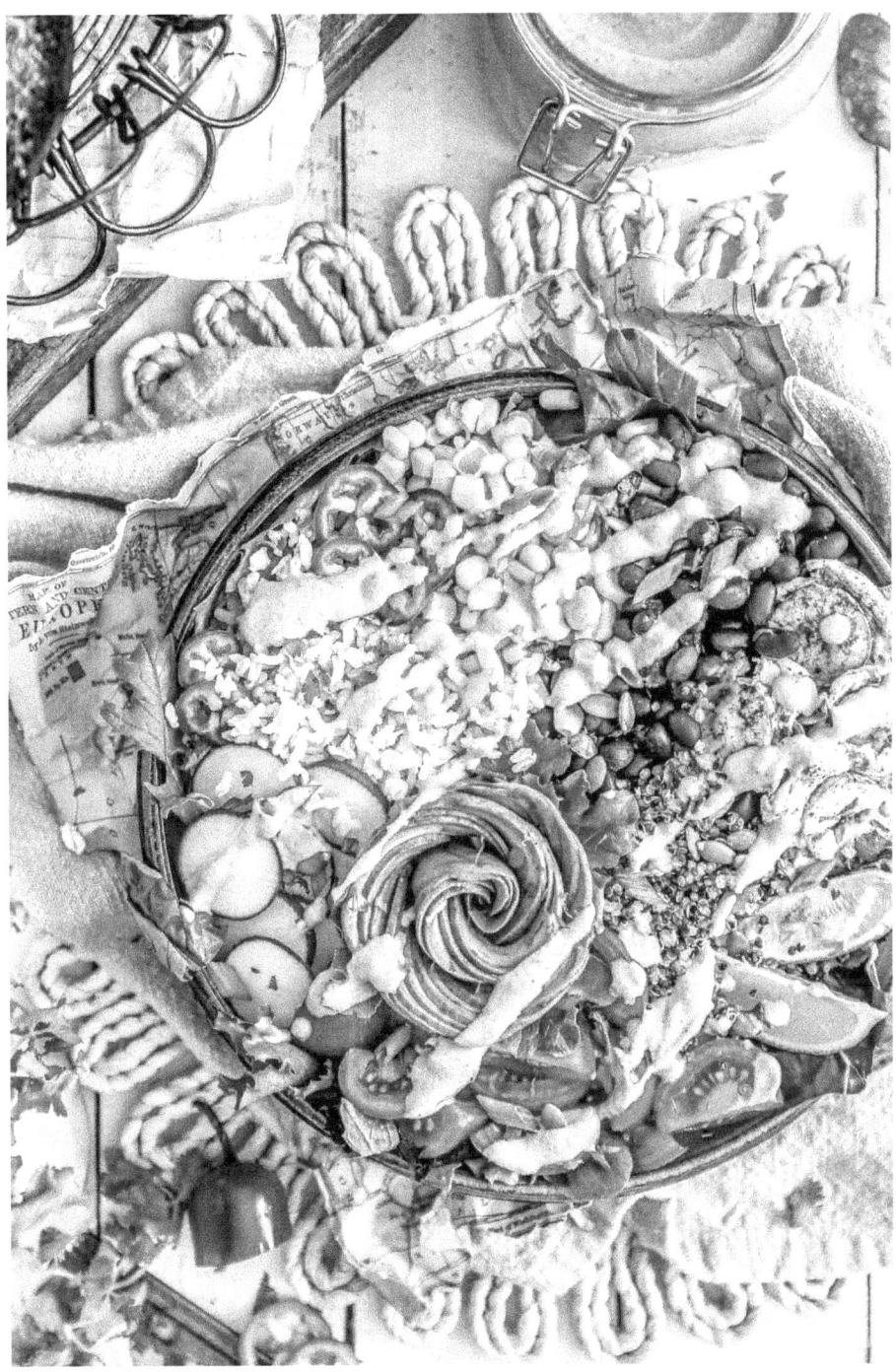

Bishtaja të pjekura në skarë Asparagus Brokoli lulesh dhe ananasi

Përbërësit

10 lule brokolini

10 copë. Asparagus

1 ananas mesatar, i prerë në feta 1/2 inç

10 Fasule jeshile

Përbërësit e marinadës:

6 lugë gjelle. vaj ulliri ekstra i virgjer

Kripë deti, për shije

3 lugë gjelle. uthull të bardhë të distiluar

1 lugë. mustardë Dijon

Marinojini perimet me përbërësit e salcës ose marinadës për 15 deri në 30 minuta.

Piqeni në skarë për 4 minuta mbi nxehtësinë mesatare ose derisa perimet të bëhen të buta.

Fasule Edamame të pjekura në skarë

Përbërësit

10 Fasule Edamame

10 lulelakër lulesh

10 copë. Lakrat e Brukselit

Përbërësit e veshjes

6 lugë gjelle. vaj ulliri

Kripë deti, për shije

3 lugë gjelle. uthull verë e bardhë

1 lugë. Majonezë pa vezë

Marinojini perimet me përbërësit e salcës ose marinadës për 15 deri në 30 minuta.

Piqeni në skarë për 4 minuta mbi nxehtësinë mesatare ose derisa perimet të bëhen të buta.

Bamje e pjekur në skarë, kungull i njomë dhe qepë të kuqe

Përbërësit

5 copë. Bamje

2 kunguj të njomë të mëdhenj, të prerë për së gjati në pllaka ½ inç

2 qepë të mëdha të kuqe, të prera në unaza ½ inç, por mos i ndani në unaza individuale

Përbërësit e veshjes

6 lugë gjelle. vaj ulliri ekstra i virgjer

Kripë deti, për shije

3 lugë gjelle. Uthull balsamike

1 lugë. mustardë Dijon

Marinojini perimet me përbërësit e salcës ose marinadës për 15 deri në 30 minuta.

Piqeni në skarë për 4 minuta mbi nxehtësinë mesatare ose derisa perimet të bëhen të buta.

Parsnip dhe kungull i njomë i pjekur në skarë

Përbërësit

1 majdanoz i madh, i prerë për së gjati

2 kunguj të njomë të mëdhenj, të prerë për së gjati në pllaka ½ inç

2 qepë të mëdha të kuqe, të prera në unaza ½ inç, por mos i ndani në unaza individuale

2 lugë gjelle. vaj ulliri ekstra i virgjer

2 lugë gjelle. përzierje për veshjen e fermës

Marinojini perimet me përbërësit e salcës ose marinadës për 15 deri në 30 minuta.

Piqeni në skarë për 4 minuta mbi nxehtësinë mesatare ose derisa perimet të bëhen të buta.

Parsnip dhe bamje të pjekura në skarë

Përbërësit

1 majdanoz i madh, i prerë për së gjati

5 copë. Bamje

2 patëllxhanë të mëdhenj, të prerë për së gjati dhe të prera në gjysmë

2 kunguj të njomë të mëdhenj, të prerë për së gjati dhe të prera në gjysmë

Përbërësit e veshjes

6 lugë gjelle. vaj ulliri

Kripë deti, për shije

3 lugë gjelle. uthull verë e bardhë

1 lugë. mustardë angleze

Marinojini perimet me përbërësit e salcës ose marinadës për 15 deri në 30 minuta.

Piqeni në skarë për 4 minuta mbi nxehtësinë mesatare ose derisa perimet të bëhen të buta.

Brokoli i pjekur në skarë Parsnip Okra dhe Asparagus

Përbërësit

5 lule brokolini

1 majdanoz i madh, i prerë për së gjati

5 copë. Bamje

3 copë. Asparagus

Misrat, të prerë për së gjati

2 copë. Kërpudhat Portobello, të lara dhe të kulluara

Përbërësit e marinadës:

6 lugë gjelle. vaj ulliri ekstra i virgjer

Kripë deti, për shije

3 lugë gjelle. uthull të bardhë të distiluar

1 lugë. mustardë Dijon

Marinojini perimet me përbërësit e salcës ose marinadës për 15 deri në 30 minuta.

Piqeni në skarë për 4 minuta mbi nxehtësinë mesatare ose derisa perimet të bëhen të buta.

Rrepë të pjekur në skarë dhe speca zile

Përbërësit

1 rrepë e madhe, e prerë për së gjati

2 speca zile jeshile, të prera në gjysmë

10 lule brokolini

Përbërësit e veshjes

6 lugë gjelle. vaj ulliri ekstra i virgjer

Kripë deti, për shije

3 lugë gjelle. uthull molle

1 lugë gjelle. mjaltë

1 lugë. Majonezë pa vezë

Marinojini perimet me përbërësit e salcës ose marinadës për 15 deri në 30 minuta.

Piqeni në skarë për 4 minuta mbi nxehtësinë mesatare ose derisa perimet të bëhen të buta.

Lulelakër dhe brokoli të pjekur në skarë

Përbërësit

10 lulelakër lulesh

10 copë. Lakrat e Brukselit

10 lule brokolini

10 copë. Asparagus

Përbërësit e veshjes

6 lugë gjelle. vaj susami

Kripë deti, për shije

3 lugë gjelle. uthull të bardhë të distiluar

1 lugë. Majonezë pa vezë

Marinojini perimet me përbërësit e salcës ose marinadës për 15 deri në 30 minuta.

Piqeni në skarë për 4 minuta mbi nxehtësinë mesatare ose derisa perimet të bëhen të buta.

Rrepë dhe ananas të pjekur në skarë

Përbërësit

1 rrepë e madhe, e prerë për së gjati

1 ananas mesatar, i prerë në feta 1/2 inç

10 Fasule jeshile

Përbërësit e veshjes

6 lugë gjelle. vaj susami

Kripë deti, për shije

3 lugë gjelle. uthull të bardhë të distiluar

1 lugë. Majonezë pa vezë

Marinojini perimet me përbërësit e salcës ose marinadës për 15 deri në 30 minuta.

Piqeni në skarë për 4 minuta mbi nxehtësinë mesatare ose derisa perimet të bëhen të buta.

Parsnip dhe kungull i njomë i pjekur në skarë

Përbërësit

1 majdanoz i madh, i prerë për së gjati

2 kunguj të njomë të mëdhenj, të prerë për së gjati në pllaka ½ inç

2 qepë të mëdha të kuqe, të prera në unaza ½ inç, por mos i ndani në unaza individuale

Përbërësit e veshjes

6 lugë gjelle. vaj ulliri

Kripë deti, për shije

3 lugë gjelle. uthull verë e bardhë

1 lugë. Majonezë pa vezë

Marinojini perimet me përbërësit e salcës ose marinadës për 15 deri në 30 minuta.

Piqeni në skarë për 4 minuta mbi nxehtësinë mesatare ose derisa perimet të bëhen të buta.

Rrepë e pjekur në skarë Qepë të kuqe dhe majdanoz

Përbërësit

1 rrepë e madhe, e prerë për së gjati

1 majdanoz i madh, i prerë për së gjati

1 kungull i njomë i madh, i prerë për së gjati në pllaka ½ inç

2 qepë të vogla të kuqe, të prera në unaza ½ inç, por mos i ndani në unaza individuale

Përbërësit e veshjes

6 lugë gjelle. vaj ulliri ekstra i virgjer

Kripë deti, për shije

3 lugë gjelle. Uthull balsamike

1 lugë. mustardë Dijon

Marinojini perimet me përbërësit e salcës ose marinadës për 15 deri në 30 minuta.

Piqeni në skarë për 4 minuta mbi nxehtësinë mesatare ose derisa perimet të bëhen të buta.

Karrota të pjekura në skarë, Parsnip dhe Brokoli

Përbërësit

1 karotë e madhe, e prerë për së gjati

1 majdanoz i madh, i prerë për së gjati

10 lule brokolini

10 copë. Asparagus

10 Fasule jeshile

Përbërësit e veshjes

6 lugë gjelle. vaj ulliri

Kripë deti, për shije

3 lugë gjelle. uthull verë e bardhë

1 lugë. mustardë angleze

Marinojini perimet me përbërësit e salcës ose marinadës për 15 deri në 30 minuta.

Piqeni në skarë për 4 minuta mbi nxehtësinë mesatare ose derisa perimet të bëhen të buta.

Lule shpargulli dhe brokolini të pjekur në skarë

Përbërësit

10 lule brokolini

10 copë. Asparagus

Misrat, të prerë për së gjati

5 copë. Kërpudhat Portobello, të lara dhe të kulluara

Përbërësit e marinadës:

6 lugë gjelle. vaj ulliri ekstra i virgjer

Kripë deti, për shije

3 lugë gjelle. uthull të bardhë të distiluar

1 lugë. mustardë Dijon

Marinojini perimet me përbërësit e salcës ose marinadës për 15 deri në 30 minuta.

Piqeni në skarë për 4 minuta mbi nxehtësinë mesatare ose derisa perimet të bëhen të buta.

Lulelakër dhe misër i pjekur në skarë

Përbërësit

10 lulelakër lulesh

½ filxhan misër të konservuar për fëmijë

10 copë. Lakrat e Brukselit

Përbërësit e veshjes

6 lugë gjelle. vaj ulliri ekstra i virgjer

Kripë deti, për shije

3 lugë gjelle. uthull molle

1 lugë gjelle. mjaltë

1 lugë. Majonezë pa vezë

Marinojini perimet me përbërësit e salcës ose marinadës për 15 deri në 30 minuta.

Piqeni në skarë për 4 minuta mbi nxehtësinë mesatare ose derisa perimet të bëhen të buta.

Zemra angjinare të pjekura në skarë dhe lule brokolini

Përbërësit

½ filxhan zemrat e konservuara të angjinares

10 lule brokolini

Përbërësit e veshjes

6 lugë gjelle. vaj susami

Kripë deti, për shije

3 lugë gjelle. uthull të bardhë të distiluar

1 lugë. Majonezë pa vezë

Marinojini perimet me përbërësit e salcës ose marinadës për 15 deri në 30 minuta.

Piqeni në skarë për 4 minuta mbi nxehtësinë mesatare ose derisa perimet të bëhen të buta.

Karrota dhe patëllxhanë të pjekur në skarë

Përbërësit

5 copë. karrota bebe

2 patëllxhanë të mëdhenj, të prerë për së gjati dhe të prera në gjysmë

2 kunguj të njomë të mëdhenj, të prerë për së gjati dhe të prera në gjysmë

Përbërësit e veshjes

6 lugë gjelle. vaj susami

Kripë deti, për shije

3 lugë gjelle. uthull të bardhë të distiluar

1 lugë. Majonezë pa vezë

Marinojini perimet me përbërësit e salcës ose marinadës për 15 deri në 30 minuta.

Piqeni në skarë për 4 minuta mbi nxehtësinë mesatare ose derisa perimet të bëhen të buta.

Karrota dhe kunguj të njomë të pjekur në skarë

Përbërësit

7 copë. karrota bebe

2 kunguj të njomë të mëdhenj, të prerë për së gjati në pllaka ½ inç

2 qepë të mëdha të kuqe, të prera në unaza ½ inç, por mos i ndani në unaza individuale

Përbërësit e veshjes

6 lugë gjelle. vaj ulliri

Kripë deti, për shije

3 lugë gjelle. uthull verë e bardhë

1 lugë. Majonezë pa vezë

Marinojini perimet me përbërësit e salcës ose marinadës për 15 deri në 30 minuta.

Piqeni në skarë për 4 minuta mbi nxehtësinë mesatare ose derisa perimet të bëhen të buta.

Misër i pjekur në skarë, misër për fëmijë dhe shparg

Përbërësit

10 Misër bebesh

10 copë. Asparagus

Misrat, të prerë për së gjati

Përbërësit e veshjes

6 lugë gjelle. vaj ulliri ekstra i virgjer

Kripë deti, për shije

3 lugë gjelle. Uthull balsamike

1 lugë. mustardë Dijon

Marinojini perimet me përbërësit e salcës ose marinadës për 15 deri në 30 minuta.

Piqeni në skarë për 4 minuta mbi nxehtësinë mesatare ose derisa perimet të bëhen të buta.

Karrota të pjekura në skarë dhe Zemra Angjinare

Përbërësit

1 filxhan zemrat e konservuara të artiçokut

2 kunguj të njomë të mëdhenj, të prerë për së gjati në pllaka ½ inç

8 copë. karrota bebe

Përbërësit e veshjes

6 lugë gjelle. vaj ulliri

Kripë deti, për shije

3 lugë gjelle. uthull verë e bardhë

1 lugë. mustardë angleze

Marinojini perimet me përbërësit e salcës ose marinadës për 15 deri në 30 minuta.

Piqeni në skarë për 4 minuta mbi nxehtësinë mesatare ose derisa perimet të bëhen të buta.

Fasule jeshile ananasi të pjekura në skarë dhe zemra angjinare

Përbërësit

1 ananas mesatar, i prerë në feta 1/2 inç

10 Fasule jeshile

1 filxhan zemrat e konservuara të artiçokut

Përbërësit e marinadës:

6 lugë gjelle. vaj ulliri ekstra i virgjer

Kripë deti, për shije

3 lugë gjelle. uthull të bardhë të distiluar

1 lugë. mustardë Dijon

Marinojini perimet me përbërësit e salcës ose marinadës për 15 deri në 30 minuta.

Piqeni në skarë për 4 minuta mbi nxehtësinë mesatare ose derisa perimet të bëhen të buta.

Brokoli i pjekur në skarë dhe karrota bebe

Përbërësit

10 lule brokolini

10 copë. Foshnja karrota

2 kunguj të njomë të mëdhenj, të prerë për së gjati në pllaka ½ inç

2 qepë të mëdha të kuqe, të prera në unaza ½ inç, por mos i ndani në unaza individuale

Përbërësit e veshjes

6 lugë gjelle. vaj ulliri

Kripë deti, për shije

3 lugë gjelle. uthull verë e bardhë

1 lugë. Majonezë pa vezë

Marinojini perimet me përbërësit e salcës ose marinadës për 15 deri në 30 minuta.

Piqeni në skarë për 4 minuta mbi nxehtësinë mesatare ose derisa perimet të bëhen të buta.

Lule të thjeshta me misër dhe lulelakër të pjekur në skarë

Përbërësit

10 copë. Misër bebe

10 lulelakër lulesh

10 copë. Lakrat e Brukselit

Përbërësit e veshjes

6 lugë gjelle. vaj ulliri ekstra i virgjer

Kripë deti, për shije

3 lugë gjelle. uthull molle

1 lugë gjelle. mjaltë

1 lugë. Majonezë pa vezë

Marinojini perimet me përbërësit e salcës ose marinadës për 15 deri në 30 minuta.

Piqeni në skarë për 4 minuta mbi nxehtësinë mesatare ose derisa perimet të bëhen të buta.

Karrota për fëmijë të pjekur në skarë dhe speca zile

Përbërësit

8 copë. karrota bebe

2 speca zile jeshile, të prera në gjysmë

10 lule brokolini

Përbërësit e veshjes

6 lugë gjelle. vaj susami

Kripë deti, për shije

3 lugë gjelle. uthull të bardhë të distiluar

1 lugë. Majonezë pa vezë

Marinojini perimet me përbërësit e salcës ose marinadës për 15 deri në 30 minuta.

Piqeni në skarë për 4 minuta mbi nxehtësinë mesatare ose derisa perimet të bëhen të buta.

Misër i pjekur në skarë, Zemra Angjinare dhe Patëllxhan

Përbërësit

½ filxhan misër të konservuar për fëmijë

½ filxhan zemrat e konservuara të angjinares

2 patëllxhanë të mëdhenj, të prerë për së gjati dhe të prera në gjysmë

Përbërësit e veshjes

6 lugë gjelle. vaj ulliri

Kripë deti, për shije

3 lugë gjelle. uthull verë e bardhë

1 lugë. Majonezë pa vezë

Marinojini perimet me përbërësit e salcës ose marinadës për 15 deri në 30 minuta.

Piqeni në skarë për 4 minuta mbi nxehtësinë mesatare ose derisa perimet të bëhen të buta.

Karrota të pjekura në skarë dhe qepë të kuqe

Përbërësit

½ filxhan karrota bebe

2 kunguj të njomë të mëdhenj, të prerë për së gjati në pllaka ½ inç

2 qepë të mëdha të kuqe, të prera në unaza ½ inç, por mos i ndani në unaza individuale

Përbërësit e veshjes

6 lugë gjelle. vaj ulliri ekstra i virgjer

Kripë deti, për shije

3 lugë gjelle. Uthull balsamike

1 lugë. mustardë Dijon

Marinojini perimet me përbërësit e salcës ose marinadës për 15 deri në 30 minuta.

Piqeni në skarë për 4 minuta mbi nxehtësinë mesatare ose derisa perimet të bëhen të buta.

Asparagus brokolini të pjekur në skarë dhe kërpudha Portobello

Përbërësit

10 lule brokolini

10 copë. Asparagus

Misrat, të prerë për së gjati

5 copë. Kërpudhat Portobello, të lara dhe të kulluara

Përbërësit e veshjes

6 lugë gjelle. vaj susami

Kripë deti, për shije

3 lugë gjelle. uthull të bardhë të distiluar

1 lugë. Majonezë pa vezë

Marinojini perimet me përbërësit e salcës ose marinadës për 15 deri në 30 minuta.

Piqeni në skarë për 4 minuta mbi nxehtësinë mesatare ose derisa perimet të bëhen të buta.

Zemra Angjinare të pjekura në skarë

Përbërësit

1 filxhan zemrat e konservuara të artiçokut

2 qepë të mëdha të kuqe, të prera në unaza ½ inç, por mos i ndani në unaza individuale

Përbërësit e veshjes

6 lugë gjelle. vaj ulliri

Kripë deti, për shije

3 lugë gjelle. uthull verë e bardhë

1 lugë. mustardë angleze

Marinojini perimet me përbërësit e salcës ose marinadës për 15 deri në 30 minuta.

Piqeni në skarë për 4 minuta mbi nxehtësinë mesatare ose derisa perimet të bëhen të buta.

Karrota dhe kërpudha të pjekura në skarë

Përbërësit

10 copë. Foshnja karrota

1 filxhan kërpudha me butona të konservuara

Përbërësit e veshjes

6 lugë gjelle. vaj ulliri

Kripë deti, për shije

3 lugë gjelle. uthull verë e bardhë

1 lugë. Majonezë pa vezë

Marinojini perimet me përbërësit e salcës ose marinadës për 15 deri në 30 minuta.

Piqeni në skarë për 4 minuta mbi nxehtësinë mesatare ose derisa perimet të bëhen të buta.

Zemra Angjinare dhe Asparagus të pjekur në skarë

Përbërësit

½ filxhan zemrat e konservuara të angjinares

10 lule brokolini

10 copë. Asparagus

Përbërësit e veshjes

6 lugë gjelle. vaj ulliri ekstra i virgjer

Kripë deti, për shije

3 lugë gjelle. uthull molle

1 lugë gjelle. mjaltë

1 lugë. Majonezë pa vezë

Marinojini perimet me përbërësit e salcës ose marinadës për 15 deri në 30 minuta.

Piqeni në skarë për 4 minuta mbi nxehtësinë mesatare ose derisa perimet të bëhen të buta.

Kungull i njomë i pjekur në skarë

Përbërësit

2 kunguj të njomë të mëdhenj, të prerë për së gjati në pllaka ½ inç

Përbërësit e veshjes

6 lugë gjelle. vaj ulliri

Kripë deti, për shije

3 lugë gjelle. uthull verë e bardhë

1 lugë. Majonezë pa vezë

Marinojini perimet me përbërësit e salcës ose marinadës për 15 deri në 30 minuta.

Piqeni në skarë për 4 minuta mbi nxehtësinë mesatare ose derisa perimet të bëhen të buta.

Patëllxhan i pjekur në skarë me glazurë balsamike

Përbërësit

2 patëllxhanë të mëdhenj, të prerë për së gjati dhe të prera në gjysmë

Përbërësit e veshjes

6 lugë gjelle. vaj ulliri ekstra i virgjer

Kripë deti, për shije

3 lugë gjelle. Uthull balsamike

1 lugë. mustardë Dijon

Marinojini perimet me përbërësit e salcës ose marinadës për 15 deri në 30 minuta.

Piqeni në skarë për 4 minuta mbi nxehtësinë mesatare ose derisa perimet të bëhen të buta.

Marule Romaine dhe domate të pjekura në skarë

Përbërësit

10 lule brokolini

10 copë. Lakrat e Brukselit

10 copë. Asparagus

1 tufë gjethe marule Romaine

2 karota mesatare, të prera për së gjati dhe të prera në gjysmë

4 domate të mëdha, të prera në feta të trasha

Përbërësit e veshjes:

6 lugë gjelle. vaj ulliri ekstra i virgjer

1 lugë. pluhur qepe

Kripë deti, për shije

3 lugë gjelle. uthull të bardhë të distiluar

1 lugë. mustardë Dijon

Kombinoni tërësisht të gjithë përbërësit e salcës.

Ngrohni grilën tuaj në nxehtësi të ulët dhe lyeni grilat me yndyrë.

Shtroni grilën e perimeve për 12 minuta në çdo anë, derisa të zbuten një herë.

Lyejeni me përbërësit e marinadës/ salcës

Kungull i njomë dhe speca të pjekur në skarë

Përbërësit

1 lb kungull i njomë, i prerë për së gjati në shkopinj më të shkurtër

1 lb speca zile jeshile, të prera në rripa të gjerë

1 qepë e kuqe e madhe, e prerë në copa të trasha 1/2 inç

1/3 filxhan majdanoz ose borzilok italian, të grirë hollë

Përbërësit e veshjes

6 lugë gjelle. vaj ulliri

1 lugë. hudhër pluhur

1 lugë. pluhur qepe

Kripë deti, për shije

3 lugë gjelle. uthull verë e bardhë

1 lugë. mustardë angleze

Kombinoni tërësisht të gjithë përbërësit e salcës.

Ngrohni grilën tuaj në nxehtësi të ulët dhe lyeni grilat me yndyrë.

Shtroni grilën e perimeve për 12 minuta në çdo anë, derisa të zbuten një herë.

Lyejeni me përbërësit e marinadës/ salcës

Patëllxhan i pjekur në skarë dhe qepë e kuqe

Përbërësit

1 lb patëllxhan, të prerë për së gjati në shkopinj më të shkurtër

1 lb speca zile jeshile, të prera në rripa të gjerë

1 qepë e kuqe e madhe, e prerë në copa të trasha 1/2 inç

1/3 filxhan majdanoz ose borzilok italian, të grirë hollë

Përbërësit e veshjes:

6 lugë gjelle. vaj ulliri ekstra i virgjer

1 lugë. pluhur qepe

Kripë deti, për shije

3 lugë gjelle. uthull të bardhë të distiluar

1 lugë. mustardë Dijon

Kombinoni tërësisht të gjithë përbërësit e salcës.

Ngrohni grilën tuaj në nxehtësi të ulët dhe lyeni grilat me yndyrë.

Shtroni grilën e perimeve për 12 minuta në çdo anë, derisa të zbuten një herë.

Lyejeni me përbërësit e marinadës/ salcës

www.ingramcontent.com/pod-product-compliance
Lightning Source LLC
Chambersburg PA
CBHW070421120526
44590CB00014B/1480